KB074613

아이와 시베리아
횡단열차를 탔습니다

아이와 시베리아
횡단열차를 탔습니다

열혈 아빠와 사춘기 아들의 러시아 스케치

2019년 4월 18일 초판 1쇄 인쇄
2019년 4월 25일 초판 1쇄 발행

지은이 두준열
펴낸이 김영애
편 집 윤수미·김배경
디자인 dreamdesign 정민아
마케팅 이문정
펴낸곳 SniFactory

등록 제2013-000163(2013년 6월 3일)
주소 서울시 강남구 삼성로 96길 6 엘지트윈텔 1차 1402호
www.SniFactory.com / dahal@dahal.co.kr
전화 02-517-9385 / **팩스** 02-517-9386

ISBN 979-11-89706-72-2 13920

값 18,000원

ⓒ 두준열 2019

아이와 시베리아 횡단열차를 탔습니다

열혈 아빠와 사춘기 아들의 러시아 스케치

글·그림 | 두준열·두현명

다흘미디어

CONTENTS

아빠와 아들, 낯선 세상 속을 걷기로 하다

CHAPTER 6
집으로 가는 길

더 읽어보기

천천히,
그러나 함께 걷는 길

꽤 오래전부터 나의 꿈은 '좋은'이라는 형용사를 나를 칭하는 모든 명사 앞에 붙이는 것이었다. 예를 들면 좋은 선배, 좋은 형, 좋은 아들, 좋은 남편, 좋은 아빠 같은 것이다. 배가 고프면 밥을 먹고 싶듯 나를 닮은 아이가 생기면서부터 모든 부모들은 '좋은'이라는 마약 같은 단어에 함몰된다. 아이가 태어나자 나는 '좋은 아빠'라는 환상을 쫓아 미친 듯이 달렸다. 그것이 실현되기 어려운 허상임을 알았지만 인정하기 싫었고 그것은 아이에 대한 집착으로 이어졌던 것 같다. 좋다는 것을 다해주면서 키우지만 결과는 기대만큼이 아니었다. 어쩌면 좋은 아빠가 아니라 좋은 아빠이길 바라는 나쁜 아빠였을지도 모른다. 이제는 내려놓고 놓아주기를 연습 중이다. 무심한 것은 무관심한 것과는 다르게 묵묵히 지켜보는 것이다. 그것은 아이 스스로 커 가는데 도움이 된다는 것을 이제야 알게 됐다. 오랜 시간이 걸렸지만 나는 천천히 그 길을 아이와 같이 갈 것이며 그 연습 과정 중 하나로 아들과의 여행을 선택했다.

자녀 교육은 미로 찾기와 같다. 답을 찾지 못할 때도 많다. 정답을 찾아가는 우리나라의 많은 부모들에게 "이런 얘기도 있었구나"라는 물음

10

표 하나를 남기고 싶었을 뿐이다. 하루하루 빠르게 커나가는 아이의 키처럼 세상 역시 미래를 예측하지 못할 만큼 빠르게 변한다. 내일의 지식이 오늘의 제곱으로 늘어가는 세상에서 "미래를 모른다"는 명제 앞에 아이와 부모는 똑같다. 그렇기 때문에 부모의 시각을 전적으로 자식에게 자신 있게 주입하고 강요하는 것은 어쩌면 가혹행위(?)였을지도 모른다. "어른들은 왜 확신에 찬 말을 할까? 혹시 그것이 강요는 아니었을까?" 아이 교육은 방정식이며 그중에서도 고차방정식 같다. 복잡한 방정식이라도 다행히 답이 있다면 얼마나 쉽겠는가? 그걸 같이 찾아보고자 했다. 이 책이 미로와 같이 복잡하고 계산의 끝을 모르는 방정식 같은 자녀교육의 조그만 퐁당거림이 되기를 소망한다.

얼마 전에 『한국의 채색화』라는 책이 국립중앙도서관 개관 70주년의 천만 번째 책이 됐다는 뉴스를 본 적이 있다. 세계에서 열다섯 번째 천만 장서를 보유한 우리나라에서 졸작을 하나 더 보탤 수 있는 기회를 갖게 된 것에 감사한다. 하늘과 땅에 감사하고 내 부모님께 감사한다. 특별히 이 여행을 같이 했던 사랑하는 내 아들에게 감사한다. 즐기면서 쓰려고 노력했다. 글을 쓰는 작업은 즐거웠던 시간이 대부분이고 스트레스는 약간이어야 행복하지 않을까? 글을 쓰기 위해 다양한 자료를 찾으면서 놀랐고 새로운 것을 깨달았던 모든 시간이 행복했다. 책을 쓰며 그 시간을 온전히 즐기는 아빠의 모습을 아들이 잘 봤기를 바란다.

교류한지 십여 년 쯤 된 사회 친구가 내게 이런 말을 했다. "그동안 두 교수에게 부러운 것이 하나도 없었는데 하고 싶은 일을 하면서 행복해 하는 요즘 모습을 보니 참 부럽습니다"라고 말이다. 결국 돈 많은 사람이 부러운 것이 아니었다. 자기가 좋아하는 것을 하면서 행복해 하는 것이 진심으로 부럽고 본받고 싶다는 말이었다. 산속에 들어가 사는 자연인들이 행복한 이유는 다 내려놓았기 때문이고 자신이 하고 싶은 일을 하고 있기 때문이다. 여유로운 사람을 가까이 하면 본인도 여유로워지고, 유쾌한 사람을 가까이 하면 본인도 기분 좋아진다. 그런 사람이 되고 싶고 그런 아빠가 되고 싶다. 아빠라는 길을 가는 이유는 그 길이 맞아서가 아니다. 맞다고 믿기 때문에 가는 거다. 정답을 찾는 것 자체가 애초부터 무리였고 불가능했다.

이 책을 쓰면서 온전히 러시아와 아들에게 집중했다. 집중은 사랑을 불러왔다. 아들이 사랑스러울 수밖에 없었다. 몇 날 며칠을 집중한 덕분이며 그래서 감사하다. 휴 그랜트와 드류 베리모어 주연의 영화 〈그 여자 작사 그 남자 작곡〉에서처럼 아들은 작사를 했고 아빠는 거기에 음을 입히는 작곡을 했다. 그것이 우리의 러시아 여행이었다.

횡단열차에서 즐겁게 교류하고 같이 식사하며 식구처럼 지냈던 세르게이, 비카, 안나와 파샤에게 이 책을 드리고 싶다. 특히 이 책의 감수를 위해 6시간의 시차에도 불구하고 모든 질문에 대해 적극적으로 조사하고 답변해 준 니카에게 감사의 말을 꼭 전하고 싶다. 그리고 이 이야기의 또 다른 주인공인 USK 상트페테르부르크 멤버 나디야와 레나, 아나스타샤 그리고 또 다른 안나를 만나기 위해 다시 러시아로 떠날 것이다.

'소중하고 좋은 내 러시아 친구들이 그립다.'

Скучаю по моим дорогим и замечательным русским друзьям.

2019년 3월

두 준 열

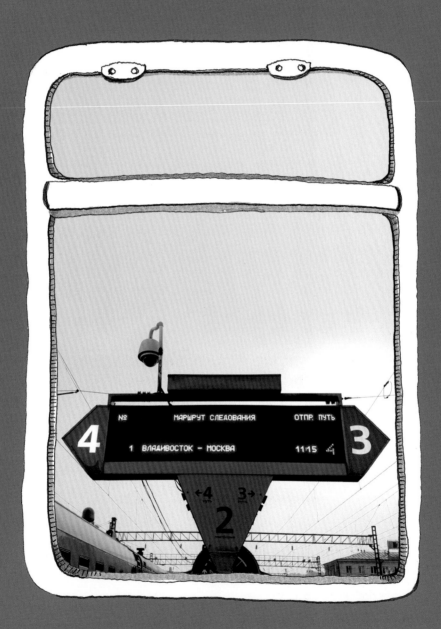

CHAPTER 1

아빠와 아들,
낯선 세상 속을 걷기로 하다

아이에게 조금이라도 더 넓은 세상을 보여주고 싶은 것이
부모의 마음이다. 책이나 영화를 보면서 새로운 세상을 만나기도 하지만,
때로는 체험활동이나 여행을 하며 아이도, 부모도 훌쩍 자란다.

'가족생활기록부'가 있다면

아이에게 조금이라도 더 넓은 세상을 보여주고 싶은 것이 모든 부모의 마음일 것이다. 책이나 영화를 보면서 세상을 만나기도 하지만, 때로는 체험활동이나 여행을 하며 아이도, 부모도 훌쩍 자란다.

우리 부자도 그런 여정을 겪어왔다. 계획도 없이 아들과 훌쩍 캠핑을 떠나는 경우가 흔했다. "우리, 갈까?" 하고 물어보면 아들은 흔쾌히 "응!" 이라고 대답했다. 한적하고 조용한 곳이기만 하면 문제될 게 없었다. 서울에서 차로 두 시간 반만 달리면 인공의 소음 하나 없는 자연 속의 적막함과 한가로움을 만날 수 있었다. 널따란 캠핑장이 오직 우리만을 위한 곳인 듯 고요하고 우리가 선 곳은 집이 되었다. 뚝딱 텐트 집을 지어놓으면 바람이 선선했다. 블루투스 스피커에서는 좋아하는 음악이 흐르고 저녁밥이 익어갔다. 때로는 학교를 빠지고 캠핑장에 데리고 가기도 했다. 그래도 현명이는 학교보다 아빠와 하는 캠핑이 더 좋았던 모양이다. 밥과 김치만 있어도 풍성한 식탁이 되고, 때로 라면이나 참치캔을 따서 만든 김치찌개만으로도 만찬이 되었다. 하늘은 파랗고 구름은 몽실몽실했으며, 현명이는 책을 읽고 나는 경치를 둘러봤다. 학교 공부보다 더 중요한 것이 거기 있었다.

캠핑을 다녀본 사람은 알겠지만, 텐트를 치는 게 쉽지만은 않다. 뙤약볕에서 이러다 죽을 수도 있겠구나 싶을 만큼 고된 노동이기도 하다. 텐트를 치고 나면 팔이 떨려와 한참 넋을 놓고 쉬기도 한다. 그럴 때마다 현명이는 "아빠, 힘들지?"라며 내 어깨를 주물러주었다. 이런 시간을 보내며 아이와 더욱 애틋해진 것 같다.

야생의 생활은 원초적 감성을 일깨워준다는 걸 캠핑할 때마다 느낀다. 날이 더우면 계곡 물에 들어가고 졸리면 자고 배고프면 먹으면 된다. 샤워하러 계곡 물에 뛰어들면서 다 벗고 후다닥 달려갈 때도 있었다. 캠핑장에 밤새 비가 내린 날, 순진무구하게 '빗소리를 자장가 삼아 포근히 잠들겠군'이라고 생각한 것은 큰 오산이었다. 밤늦게 야영장에 도착한 한 무리의 사람들이 자정이 넘도록 텐트를 치고 "막강 영업3팀 파이팅!"이라고 외치는 소리를 백만 번 정도 들은 후에야 새벽의 끝을 맞기도 했다. 예민해진 아들이 화가 난다고 했지만 나 역시 그 시간이 힘들기는 마찬가지였다. 그 소음 속에서 우리는 그저 서로의 귀를 막아주며 참을 수밖에 없었다. 아들과 동지가 된 듯했다.

아들이 커가면서 제법 많은 부분을 담당해주니 같이 다니는 게 좋았다. 아들은 제법 이야기 상대가 되기도 했다. 때로는 팝송을 같이 들으며 '사랑'에 대해 이야기를 나누기도 하고, 학교에서 배운 북한과 우리나라의 통일에 대한 이야기도 하는 등 다양한 주제로 얘기할 수 있는 그 시간이 참 행복했다. '네가 벌써 이렇게 컸구나. 나중에 다 큰 어른이 되

면 얼마나 가슴이 벅찰까?

캠핑을 다니며 아이가 자연 적응력을 키웠다는 생각이 들자, 아들을 데리고 무인도 체험을 떠났다. 더운 여름에 먹을 물도 없는 그야말로 극기 훈련이었다. 태풍이 불어닥쳐 하루 더 머물게 되면서 극한의 체험을 하기도 했다. 당장이라도 날아갈 듯한 텐트 속에서 아들과 함께 진짜 집에 못 갈지도 모른다는 두려움에 떨었다. 프로그램으로 유서 써보기가 있었는데, 체험활동의 일부라는 걸 알고 있었지만 저절로 눈물이 났다. 눈물을 흘리는 아빠를 보며 아이도 울었다. 암흑 같은 텐트 속에서 아빠와 아들은 그렇게 하나가 되었다. 몇 년 전 똑같은 프로그램으로 무인도에 왔던 누나가 흰 조약돌에 써 놓은 유서를 찾으러 동굴로 들어갈 때의 그 비장함은 아들과 나만이 아는 비밀 같은 것이다.

거기서도 사고가 있었다. 시원한 숲속에서 쉬는 시간에 아이는 굳이 나무에 올라가고 싶다고 하더니 결국 나무에서 미끄러져 얼굴에 상처가 나고 말았다. 나도 안타까운 마음이지만 집에 가면 아내가 속상해할 텐데 나는 할 말이 없을 것 같았다. 큰 딸도 갯바위에서 미끄러져 다리에 흉터가 있는데 아들은 흉터가 남지 않은 것을 그나마 다행으로 여겼다. 누굴 탓하랴. 아이는 부모가 보살펴 주어야 하는 것은 그때나 지금이나 마찬가지다.

아이가 제법 큰 뒤부터는 매년 가을 춘천 마라톤에 같이 참가했다. 4년 전 처음 마라톤을 뛸 때만 해도 징징거리며 간신히 제한시간 내에 들어왔던 아들은 어느덧 175cm나 되는 기럭지를 자랑하며 껑충껑충 나를 앞서 갔다. 4km를 지날 즈음엔 "아빠, 왜 땀이 안 나지?" 라고 말했다. 우습지만 대견했다. 아이는 점점 빨라지고 강해지고 있다. 아이들은 제 속도대로 잘 자라고 있는데, 내 모습은 조증과 울증의 파도 속에서 일렁이는 조각배 같았던 것이다. 매일 물 주고 관심을 갖는데 자라나지 않는 나무는 없다. 날마다 아이에게 사랑과 관심을 기울이고 있다면 아이들은 쑥쑥 자라난다. 이것은 자식 교육의 변함없는 철칙인데, 문제는 그런 아이들을 기다려주지 못하는 부모다. 결승선을 통과한 현명이는 작년과 재작년에 사진을 찍었던 바로 그 자리에서 "아빠, 여기서 또 찍자"라며 포즈를 취한다. 올해는 작년보다 20여 분 가까이 빨리 골인했고 아들은 땀도 안 난다며 너스레를 떨었다. 막국수를 먹고 서울로 돌아오는 기차 속에서 아들은 내 손에 깍지를 끼었다. 아들을 바라보고 웃어주었다.

아이와 함께 경험을 공유하는 데 어려움이 없다는 믿음이 생길 즈음, 현명이를 데리고 외국에 나가봐야겠다고 생각했다. 처음 가 본 곳은 대만이었다. 주변에 아빠와 아들 단둘이 여행하는 경우가 많지 않아 처음엔 조금 어색하고 부자연스럽기도 했지만 우리 여행은 무엇과도 바꿀 수 없는 보석 같은 시간이 될 거라는 믿음이 있었다.

대만에서 화련 지역을 여행할 때였다. 하루 동안 100km가 넘는 거리를 자전거로 달렸다. 죽을 때까지 잊지 못할 소중한 추억을 쌓고 있다고 생각한 찰나, 현명이가 자전거를 탄 채 크게 회전하다가 하마터면 자동차와 부딪힐 뻔했다. 뒤따르며 그 광경을 목격한 나는 정말 심장이 멎는 줄 알았다. 너무 놀라서 "큰일 날 뻔했잖아" 하고 아들을 다그쳤다. 아이는 "사고 안 났으면 됐지. 아빠는 왜 그렇게 화를 내는데?"라며 오히려 언성을 높였다. 정말 사고라도 났으면 어쩔 뻔했나. 생각만 해도 아찔했다. 갓길에 자전거를 세워두고 아들과 한참이나 말 없는 신경전을 벌였다. 결국 내가 먼저 일어나 출발하자 아들도 자전거로 졸졸 따라왔다. 말없이 뒤에서 오던 아들이 손을 내밀었고, 나도 가만히 손을 잡아주었다. "남자들은 원래 그렇게 지나가"라는 현명이 말처럼.

'학생생활기록부'가 있는 것처럼 '가족생활기록부'라는 것이 있다면, 아들과 함께한 시간과 이런 경험들이 차곡차곡 쓰이고 있는 게 아닐까 싶다. 언젠가 아들이 같이 영화를 보자길래 "아빠는 언제까지 너하고 같이 영화 보는 봉사활동을 해야 하니?"라고 했더니, 현명이가 했던 말이다. "아빠, 걱정 마! 아빠 봉사활동은 '가족생활기록부'에 잘 기록해 놓을게." 아이들에게 내가 어떤 아빠인지 궁금할 때마다 아이들에게 물어야겠다는 생각이 든다. 아이들 가슴 속에 있는 '가족생활기록부'에 나는 어떤 아빠로 기록돼 있는지를.

네게도 찾아온
'중2병'

　북한이 남침을 못하는 이유 중 하나가 '중2가 무서워서'라는 농담이 유행할 만큼 중2병이 사회적 관심사가 된지 오래다. 청소년기가 좌절, 불만, 정서 불안 등 부정적 측면만 있는 것은 아닐 것이다. 오히려 멋대로의 일탈에 대해서도 '나이가 어리니까 용인한다'는 양해와 사회적 면책이 주어지고, 삶과 세상을 자유롭게 탐색하고 사색하며 학습할 수 있는 특권이 부여되기 때문에 중2병은 위기지만 기회다.

　내 아들에게만은 영원히 오지 않을 것 같았던 중2병이 반갑지 않은 손님처럼 아들과 우리 부부에게 찾아 왔다. 그렇게 살갑게 하루 일들을 미주알고주알 재잘거리던 아들이 어느 날부터인가 묵언수행하는 스님처럼 말이 없어졌다. 장편소설 같이 길고 길던 아이와의 대화도 에세이를 거쳐 요즘은 거의 절제된 시처럼 되어 짧아지고 있다. 급기야 요즘은 '왜, 응, 아니' 같은 감탄사로 끝나는 경우도 많다. 엄마와 함께 자고 싶다며 엄마를 끌어안던 꼬마는 "건드리지 마"를 외치며 자신의 몸에는 손도 못 대게 한다. "아빠 심심해. 놀아줘!"라고 조르던 아들은 이제 없다. 아들이 없어진 거실은 조용해졌고 그 자리는 무심한 TV소리가 채우고 있다.

아들 방에 들어갈 때도 꼭 노크를 해야 하는데, 어느 날부터인가 내가 아들의 눈치를 보고 있었다. 『예기禮記』에 나오는 '출필곡 반필면出必告 反必面'처럼 나갈 때 어디 나가는지 말하고 집에 들어와서는 얼굴을 보이는 것은 고사하고 때로는 말없이 등교하는 아들의 뒷모습만 쳐다보는 일도 잦아졌다. 이제는 내가 먼저 방문을 열고 "아빠 다녀왔다"고 얘기하는 현대판 '출필곡 반필면'을 실천해야 그나마 아이의 얼굴을 볼 수 있다. 그래야 사춘기를 보내는 아들과 잘 지낼 수 있다는 자조도 하게 된다.

어른의 기준으로 도저히 용납할 수 있는 일이 사춘기 자식에게는 많이 일어난다. 사실 아이에게 맑은 날과 흐린 날이 너무 자주 반복되다 보니 어느 장단에 맞춰 춤을 춰야 좋을지 모를 때가 많다. '지킬 박사와 하이드 중 아들은 오늘 누구더라?' 하고 늘 헷갈리게 된다.

'전국의 모든 아빠가 좋은 아빠가 되도록 돕자'를 모토로 하는 '아빠학교' 고문으로 활동하고 있는데, 정작 내 아이와 갈등을 겪을 때면 내 문제도 해결하지 못하면서 남을 가르친다는 것이 참 우스웠다. 그래서 활동을 그만 두어야겠다고 생각한 적도 있다. 하지만 사춘기 아이들은 '몸은 어른이어도 마음과 생각은 아직 어린 아이들'이라는 아빠학교 교장

선생님의 말씀을 떠올리며, 마음의 여유
를 찾고 기다릴 줄도 알게 됐다.

아이의 사춘기를 겪어야 부모도 큰다.
자식의 사춘기를 겪지 않은 부모는 아직
진짜 부모 노릇을 못 해 본 것이라는 생
각이 들 정도다. 사춘기 아이의 부모는
누구나 심리 전문가이고 문제해결 전문
가이다. 그만큼 아이 하나를 키우는 것
은 어렵고 복잡하다. 아이들에게는 어른
과 달리 마지노선이 없기 때문이다. 아
이를 바꿀 수는 없다. 그렇기 때문에 어
른이 변해야 된다면 그렇게 해야 한다.
자식을 키우는 일은 철저한 계획이나 철
학자들의 이론과는 거리가 먼 시간과의

싸움이니까. 부모인 나 자신은 이루지 못하는 것을 아이에게는 엄격하
게 강요한 때도 있었다. 하지만 양육은 성취가 아니라 과정에서 기쁨을
누리는 것이다.

그렇다면 아이의 사춘기, 어떻게 극복할 수 있을까? 내내 그런 고민
을 안고 지내다가 사춘기 극복도 부모와의 관계가 관건이라는 생각이
들었다. 아이가 부모와 좋은 관계를 맺고 가정이 정서적으로 안정되어

있다면 사춘기도 쉽게 넘어갈 것이다. 반대의 경우, 부모 자녀 모두 극단으로 서로를 몰아가기도 한다.

한 사람의 신뢰를 얻으려면 10번의 소통이 필요하고, 1번의 원활한 소통이 이루어지려면 10번의 배려가 필요하다고 하는데, 아빠인 나는 아이에게 그 배려를 해주고 있는지 스스로에게 물었다. 더 늦기 전에 아이와 소통해야 한다는 절박함이 가슴을 파고들었다.

짝사랑은 슬픈 결말을 맺기 십상이다. 한 쪽에서 알지 못하거나 한 쪽만의 생각으로 끝나버리기 때문이다. 남녀 간의 짝사랑은 슬프지만 자식에 대한 짝사랑은 덜 슬픈데, 그것은 나에게 뭔가가 돌아와야 한다는 기대가 없기 때문이 아닐까? 성 아우구스티누스는 "남에게 친절한 일을 해주고 은근히 채권자 같은 마음으로 그 보답을 기다리는 것은 무엇보다 마음의 평화를 위해 좋지 않다. 친절은 어디까지나 친절해야 한다."라고 말했다. 이 말을 나와 아들의 관계에도 적용해본다. 내 아이에게 부모로서 해준 것에 대해 채권자 같은 마음을 갖고 채근하지 않을 생각이다. 그저 사랑만 하겠노라고 다짐해본다.

시간이 답이다. 모든 죽어가는 것을 사랑하고 싶다던 어느 시인의 말처럼 내 아들을 사랑하지 않을 이유는 없다. 다른 사람이 절대 대신할 수 없는 2가지가 있는데 '사랑한다'와 '미안하다'는 말이다.

'사랑한다. 아들아'

아빠도
'사추기'를 겪는다

우리 아이들은 엄마, 아빠가 늙어 가는 것이 싫은 모양이다. "아빠! 아저씨 같아. 그런 거 좀 하지 마. 엄마! 아줌마 같이 왜 그래?" 아빠가 뒷짐을 지고 가도, 앉을 때 '으음~' 소리를 내도, 길 가면서 노래를 흥얼거려도 "아빠! 아저씨 같이 왜 그래? 하지 마!" 하고 성화다. 우리 아이들은 엄마 아빠가 영원히 늙지 않고 언제나 젊은 엄마 아빠로 남기를 바라는 모양이다. 아이들 덕분에 우리가 언제까지나 젊은 엄마 아빠로 살아갈 수 있을 것 같아 감사하다.

아들은 매월 안방 문 옆 기둥에 제 키를 재고 날짜를 기록해 오고 있는데 최근에는 한 달에 무려 1.4cm가 자랐다. 그렇게 많이 먹어대니 클수밖에 없지만 콩나물처럼 쑥쑥 커가는 모습을 보니 신기하고 놀랍다. 누나의 키를 넘어선 것은 벌써 오래전이고 엄마 키도 넘어서서 이제 식구 중 남은 것은 아빠인 내 키밖에 없다. 가끔 같이 길을 걸으며 내게 어깨동무를 하면서 아빠랑 키가 같다는 둥 이제 얼마 안 남았다는 둥 허세를 부리기도 한다.

모든 아빠들에게는 석기시대에 동굴을 나서면서 사냥을 하기 위해

돌도끼를 들고 나서던 가장으로서의 책임감과 비장함이 있다. 식량을 구해오지 못하고 돌아올 때의 그 허망함과 가족에 대한 미안함은 차라리 죽음보다 비참할 것이다. 아이가 아빠보다 커진다는 것은 이제 아빠는 늙고 아들은 힘이 세진다는 것을 의미한다. 아들은 성인이 되어가고 아빠는 늙어가는 시기가 바로 지금 내 나이부터다. 서글프지만 아무리 건강을 챙긴다 한들 체력의 한계가 찾아오는 것은 어쩔 수 없다.

집안에서도 신체능력이 낮아지는 것과 함께 아빠는 소외감을 느끼거나 괜히 위축되기도 한다. 이것이 갱년기인지는 모르겠지만 생리 현상의 변화가 나타나는 여자들의 갱년기와 달리 남자의 갱년기는 경계가 명확하지 않다. 남자의 갱년기는 사회적 인식마저 낮아서 쉽게 말을 꺼내지 못하는 것 같다.

가끔 TV 프로그램을 보면서 눈물을 흘린다. 나도 모르게 흐르는 눈물이 주체가 안 되는데 그때마다 아이들은 내게 "아빠, 또 울어?"라며 웃지만 사실 나는 진심으로 슬프다. 그런 모습을 들키는 순간 아이들의 동정과 연민의 대상이 되면서 강한 아빠로 남고 싶은 내 마음과 달라 아쉽다. 어쩌면 점점 약해지고 내면의 흔들림과 혼란을 느끼는 나 자신에 대한 연민으로 눈물이 나는지도 모르겠다. "뭐든 잘 하는 힘 센 아빠의 모습을 잃어버리는 순간 아빠는 죽음을 맞는 것이다"는 어느 심리학자의 말이 꼭 지금 내 마음 같다. 이제 아들에게 더 이상 세상에서 가장 힘 센 아빠는 없다. 하지만 여전히 가슴에 S자가 새겨진 쫄쫄이와 망토

를 걸치고 하늘을 나는 슈퍼맨이고 싶은데. 그러니까, 나는 지금 중년의
위기 '사추기思秋期'를 맞고 있는 것이다. 사춘기와 중년이라는 터널 속에
서 헤맨다는 측면에서 아들과 나는 같은 처지가 아닐까.

　중년이라는 단어가 익숙할 때쯤 돈과 사회적 성공 등 밖으로 향했던
눈이 내게로 향했다. 내 인생을 뒤돌아보는 데서 해결책을 찾아야 된다
는 생각이 들었다. 중년 사내의 눈물을 달래 줄 무언가가 필요했다. 살면
서 해보고 싶은 일을 정리한 '버킷리스트'를 떠올렸다. 마라톤을 뛰기도
하고, 색소폰과 대금도 불어봤다. 취미가 많아질수록 삶이 폭신폭신해질

것이라고 믿었다. 나를 표현하는 것이 많아진다는 것은 멋진 일이니까.

요즘은 수채화를 배우고 있다. 물에 녹인 물감이 하얀 스케치북에 번지며 만들어지는 색깔은 오묘하다. 유화처럼 색을 섞는 유화제 없이도 다른 색과 자연스럽게 겹치기도 하고 내가 배경이 되기도 한다. 앞으로 남은 인생도 그런 태도와 자세로 살고 싶다. 세상의 주역이 되기 위해 기를 쓰는 대신 쉼과 휴식을 누리리라. 슈퍼맨 망토를 벗은 지금의 나처럼, 나서기보다는 물러서고 말하기보다 남의 이야기를 들어야 되는 나이가 중년이다.

하지만 예전처럼 나서고 싶고 내가 주목 받기를 원하기도 하지만 뭐가 맞는지 혼란스럽기도 하다. 때로는 중년이라는 단어가 내게 맞는 옷인지조차 헷갈릴 때도 있다.

아들아,
우리 이제 여행을 떠나자

해야 할 것들이 많은 세상이다. 부모 세대가 자랄 때는 필요 없었던 능력이 지금 아이들에게는 절실히 요구되기도 한다. 페이스북에 사진과 글도 올려야 하고 인스타그램도 해야 하며 친구들의 카톡에 제때 대꾸도 해줘야 한다. 심지어 유행하는 인터넷 게임도 잘 할 수 있어야 한다. 그래서 요즘 아이들을 보면 안쓰럽다. 우리 아이들에게 요구되는 수많은 능력 중 가장 중요한 자질이 열린 마음과 의사소통, 그리고 문제해결 능력이라고 생각한다. 이런 것들은 책상 앞에서 공부만 한다고 얻어질 수 있는 게 아니다. 많은 사람들을 만나 마음을 나누고 소통하고 부대끼는 다양한 체험을 통해 기를 수 있는 능력이다. 그래서 여행을 떠나는 것이다.

책 너머 세상이 아이들을 기다리고 있으며 그 세상 속에서 아이들이 단련되고 성장하는 것이라 믿는다. 여행은 끊임없이 새로운 자극이 계속되기 때문이다. 두 번 다시 태어날 수 없는 인간에게 새로 태어난 것과 유사한 느낌을 주는 것은 여행과 사랑뿐인 것 같다. 누구에게나 힘든 상황을 정리하고 새로 시작하고 싶은 마음을 가지게 하는 여행을 통해

아이도, 부모도 매번 새로워지고 그만큼 강해지고 있으리라. 오죽하면 '여행학교'라는 대안 교육 프로그램까지 생기겠는가? 내가 아는 분 중에는 여행이라는 안경을 통해 세상을 보게 하겠다는 특별한 교육철학을 가지고 있는 분도 있다. 여행은 수학 문제를 풀고 외국어를 더 잘하는 것 이상의 의미와 가치가 있다는 것인데 많은 부분 공감하고 동감한다.

인도 영화 〈런치박스〉의 대사처럼 때로는 잘못된 기차가 목적지로 데려다주기도 하므로 우리는 꾸준히 기차를 타야 하며 그 기차가 바로 여행이다. 지금 내가 만나는 사람과 읽고 있는 책이 내가 어떤 사람인지를 말해준다는 이야기처럼, 여행을 통해서도 우리 자신을 증명할 수 있다. 그 여행이 늘어날수록 이 세상뿐 아니라 나 자신을 깊이 만난 경험을 간직한 멋있는 사람이 되는 것이다.

이제 답이 나왔으니 움직이면 된다. 아이에게 더 넓은 세상을 보여주자! 경험은 돈과 바꿀 수 없는 기쁨이다. 여행을 통해 새로운 것을 보고 새로운 사람을 만나는 과정도 중요하지만 다시 안 올 그 순간을 아이와 함께 경험한다는 기쁨도 큰 의미로 다가올 것이다. 아이가 아빠를 필요로 하듯, 아빠에게도 아이와의 시간이 필요하기 때문이다. 아이가 단순히 암기 몇 줄 더 잘한다고 칭찬받기보다 여행을 통해 사람들과 소통하며 사람 냄새 나는 사람으로 성장하기를 바란다. 우리가 허클베리 핀이 될지 신밧드가 될지 아니면 톰 소여가 될지는 모르겠다. 허클베리 핀이 돼도 좋고 신밧드가 돼도 좋다. 확실한 것은 우리는 세상 속으로 여행을 떠날 것이고 더 좋은 것을 향해 가고 있다는 것이다. 그러므로 우리는 행복한 사람들이다. 더 늦기 전에 우리 같이 여행을 떠나자. 다 할 수 없다고 아쉬워하지 말고 즐겁게 건강하게 다녀오자.

그러기 위해 여행에 방해가 되는 모든 것들은 거리를 두고 싶었다. 스마트폰 없는 세상은 상상도 할 수 없다는 아들이다. 스마트폰 붙잡고 인터넷을 하거나 게임을 하는 모습이 아닌, 세상의 또 다른 풍경 속을 거니는 아들의 모습이 궁금했다. 어쩌면 평생 다시없을 기회이자 도전이 될지도 모른다. 나도 궁금하고 아들도 궁금했다. 그 속에서 우리는 힘들면 서로 기대고, 멋진 광경을 만나면 감탄하며 생각과 감정에 충실하고자 한다.

CHAPTER 2

두근두근,
여행 준비

가족과 꼼꼼하게 여행을 준비하다 보면
그 도시의 과거와 현재를 꿰뚫게 되는 장점이 있다.
안개비가 내리는 홍콩 섬을 뒤로 하고 허공에 동선을 그리면서
미리 계획한 일정을 짚어주던 아들의 모습은 얼마나 멋지던지…

아이가 상상하는
여행 계획하기

　여행 준비를 철저히 하는 편이다. 그래서 떠나기 한 달 전부터 여행 계획을 세운다. 국내 여행이야 크게 문제될 것이 없지만 해외에서 우왕좌왕하다가는 시간 낭비가 될 뿐 아니라 자칫 여행 자체를 망칠 수도 있기 때문이다. 누군가는 지나치게 준비하고 계획한 여행은 미리 줄거리를 알고 보는 영화처럼 재미없다고 했지만, 여행이 어디 계획대로 되던가? 그렇지 않기 때문에 여행이다.

　철저한 계획과 준비는 안정감을 주지만 떠나기도 전에 에너지를 다 써서 이미 다녀온 듯한 피곤함을 주기도 한다. 그럼에도 불구하고 가족과 함께 여행을 준비하면 그 도시의 과거와 현재를 알게 되는 장점이 있다. 예전에 아들과 홍콩을 여행했을 때도 그랬다. 안개비가 내리는 홍콩 섬을 배경으로 허공에 동선을 그리면서 일정을 짚어주던 아들의 모습은 얼마나 멋지던지. 지식을 가장 잘 습득하는 방법은 가르치는 것이라는 말이 있다. 아마 아이는 여행 동선을 그리면서 그 여행에서 얻은 지식과 기억을 머릿속에 차곡차곡 쌓아 놓았을 것이다.

　아빠가 대부분 준비한다 하더라도 어떤 식으로든 아이를 참여시키는

것이 좋다는 생각이다. 그래서 준비물도 함께 생각하고 장도 같이 본다. 그러다 보면 여행에 대한 기대로 아이와 대화가 많아질 수밖에 없다. 아이와 함께 준비하는 여행은 하루가 아닌 한 달짜리 여행이 되고 1년짜리 여행이 될 것이다.

우리 가족도 여행을 할 때마다 전통처럼, 모두 같이 계획을 세우고 역할을 분담해 준비한다. 그리고 철저히 그 역할대로 움직였다. 어떤 사람이 담당한 일을 소홀히 하면 그 여행은 불편한 여행이 되기 때문에 책임감을 가지게 되는 효과도 있었다. 여행을 다녀와서는 여행기를 써서 잘된 사람은 상을 주기도 했는데 그렇게 차곡차곡 모인 여행기는 우리 가족의 역사가 됐다.

밤늦게 학원을 다녀와 피곤하고 시간도 없었을 텐데 아빠인 내가 말하는 여행지 중 하나를 고르고 거기에 움직일 동선 계획을 세우는 것은 어린 중학생 아들에게는 결코 쉬운 일이 아닐 것이다. 게다가 친구들은 방학에 영어 심화과정과 수학 문제풀이 과정을 들어간다는데 20여 일을 온전히 여행으로 보낸다는 것도 부담일 터.

하지만 여행 준비는 여행을 미리 머릿속에 그리고 상상하는 또 하나의 여행이다. 시베리아 횡단열차 여행을 제안했을 때 아이가 기차여행이나 러시아라는 낯선 나라에 대해 거부감을 갖지 않을까 우려했지만, 생각과 달리 아들은 흔쾌히 받아들였다. 다음으로

책을 사러 서점에 갔다. 의외로 러시아 관련 책이 많지 않아, 그래서 더욱 호기심이 생겼다. 1991년 구소련이 붕괴되기 전까지 미국과 대립하며 세계를 분할한 나라였으며 지금도 세계 군사와 정치에서 빼놓고 말할 수 없는 나라. 이 러시아라는 나라는 도대체 어떤 나라일까? 내 주변에도 가본 사람이 많지 않은 미지의 땅이어서 더욱 호기심이 생겼고, 그건 아들도 마찬가지였다. 책을 읽고 인터넷을 검색하고 러시아 관련한 인터넷 카페에도 가입하는 등 정보를 탐색하는 것도 큰 공부가 된다.

아들과 머리를 맞대고 여행의 큰 밑그림을 그려나가는 동시에, 세부 일정도 세웠다. 여행 가서 하고 싶은 일을 미리 골라보는 것인데, 이름난 관광지를 쫓아다닐 게 아니라 우리 부자가 함께 보고 듣고 즐길 수 있는 것을 하는 것이 중요하다는 게 철칙이었다.

공연도 보고 미술관에도 가보고 거리 화가의 작품도 사는 등 '문화 활동'을 하고, 바이칼 호수에서 별 보기, 커플룩 입고 사진 찍기, 넋 놓고 저녁노을 바라보기 등 '감성적 활동'도 해보기로 했다. 그리고 블라디보스토크의 극동연방대학교와 모스크바국립대학교에도 가보기로 했다. 여행 일정표를 채워 넣으면서 아들은 러시아의 관광지는 물론이고 다양한 문화와 그들의 삶에 대해 배워나갔다.

　숙소를 결정하는 것도 중요한 과제였다. 숙소를 거점으로 한 여행 동선은 대개 아들이 결정하게 한다. 구글 지도를 펴 놓고 거리와 시간 등을 체크하는데 요즘은 워낙 좋은 애플리케이션이 많아 이런 세부 계획 수립이 가능하다. 이런 과정을 통해 아이는 러시아를 속속들이 섭렵해 나갔다. 아이 스스로 여행의 주체가 되는 과정이었다. 시켜서 하는 여행이 아닌 자신이 주인인 여행은 즐거울 수밖에 없다. 나는 그저 곁을 든든히 지켜줄 뿐이다. 어른이 주도하는 잘 짜인 여행이 아닌, 조미료나 소금기 없는 다소 맛없고 투박한 음식처럼 아이 스스로 체험하고 배울 여지가 많은 여행. 그런 여행이야말로 인터넷을 비롯한 수많은 자극에 길들여진 아이에게 더 의미 있는 여행이 되지 않을까. 아이가 그 속에서 뭔가를 얻기 바라는 아빠의 마음이었다.

좋은 것을
좋게 볼 수 있는 행복

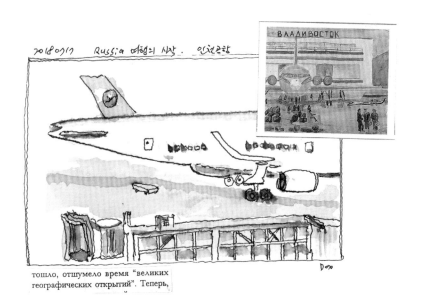

러시아로 떠나기 전 공항에서 그린 비행기 그림

모든 스케치북의 첫 장은 누구에게든 부담스럽다.
하지만 하얀 종이 위에 첫 선을 긋자
이내 그림에 집중할 수 있었다.

드디어 출발이다. 블라디보스토크로 가는 비행기에 오르자마자 그림 도구를 주섬주섬 꺼내놓았다. 여행 중에 스케치를 쉽게 하라며 친구가 선물해준 미니 팔레트를 꺼내 놓자 내 좌석 테이블은 무명화가의 이젤이 됐다. 아들과의 여행이 시작되는 동시에 그림 여행도 같이 시작됐다.

그림을 그리기 시작한지 몇 달 되지 않았지만 예전부터 비행기 안을 스케치하고 싶었다. 스케치하는 사람이라면 필수 과제처럼 그리게 되는 그림이다. 하지만 막상 스케치북을 꺼내 놓고 보니 그리기가 주저됐다. 모든 스케치북의 첫 장은 누구에게든 부담스럽다. 하지만 하얀 종이 위에 첫 선을 긋자 이내 화가의 마음이 되어 그림에 집중할 수 있었다. 밑그림을 그리고 다시 팔레트를 꺼내 물감을 입히자 제법 그럴듯한 그림이 완성됐다. 세상 사람들과 그림으로 소통하는 것은 너무도 매력적이다. 사진을 통해 여행을 기억할 수도 있겠지만 사진에는 내 느낌을 다 담을 수 없다는 한계가 있다. 그림은 여행 당시 느낀 나의 주관적 감정과 분위기를 담을 수 있기 때문에 멋지다. 비행기 안에서도 나는 그림으로 승무원과 미소로 대화했고 다른 승객들과 묻고 답하며 소통했다.

그림을 그리기 시작할 때부터 통로를 사이에 둔 옆자리 아저씨가 계속 쳐다봤다. 처음에는 흘깃거리는 정도였지만 그림이 점점 완성되어 가자 아예 몸을 틀어 내 그림에 시선을 고정했다. 그러면서 "정말 대단하네요"라며 연신 감탄을 내뱉었다. "이런 걸 뭐라고 하죠?"라고 물어서

'수채화'라고 답했더니 또 한 번 "정말 멋집니다요"라는 말이 강아지 꼬리처럼 따라왔다.

아저씨는 공무원 퇴직 후 동료 퇴직자들과 부부동반으로 러시아 여행을 가는 길이라고 했다. 자신은 블라디보스토크에서 이르쿠츠크까지만 간다며 시베리아 횡단열차 전 구간을 여행할 예정인 우리를 부러워했다. 이제 나이가 들어 그렇게까지 오래 기차를 탈 수 없을 것 같다는 말이었다. 그러면서 아들에게 "너는 참 복도 많다. 그렇게 어릴 때 이런 경험을 누가 할 수 있겠니?"라며 아들을 부러워했다. 아들은 수줍게 웃기만 했는데, 기분이 나쁘진 않았을 것이다. 일본 영화 〈바닷마을 다이어리〉의 마지막 장면에 나오는 "예쁜 것을 예쁘다고 느낄 수 있어 기쁘다"라는 대사처럼, 아저씨가 말했다. "좋은 것을 좋게 볼 수 있는 때가 정말 좋은 때"라고. 아저씨는 내 그림을 구경하는 값으로는 과분한 찬사를 이 여행의 화두처럼 우리 부자에게 던져주었다. 긴 여행을 시작하기도 전에 정답지를 받아든 기분이었다. 정답을 미리 알고 있다면 이 여행은 시시할까? 아니면 편안할까?

컨디션이 좋지 않았다. 여행의 설렘을 느끼기도 전에 병원 순례를 다녀야 할 만큼 컨디션이 안 좋지만 아들과 함께 하는 여행을 망칠 수는 없는 일이다. 벌써 4개월 전부터 준비한 여행 아닌가? 아들의 기대에 부응하는 여행이 되기를 바란다. 그리고 여행이 끝날 때까지 어린 아들에

게 기대는 일은 없기를 바란다. 하지만 내가 힘들고 아프면 아들은 기꺼이 내 손을 잡아 줄 것이고 일으켜 세워줄 것이다. 그것이 우리 부자의 믿음이다. 이 여행을 마치고 오면 우리 부자는 또 무엇을 얻고 느낄지 궁금하다. 옅은 여명의 시간에 어울린 빛의 아름다움에 취해 말도, 글도 전혀 모르는 낯선 나라에 대한 두려움 같은 것은 없다. 러시아의 코발트 블루 색 바다를 보면서 우리는 같은 곳을 따로 바라보며 어떤 생각을 하게 될까.

세상의 1/4을 가로지르다!

시베리아 횡단열차의 이모저모

　시베리아 횡단열차Trans-Siberian Railway, TSR는 세상에서 가장 긴 구간을 달리는 기차이다. 서쪽 끝 모스크바에서 동쪽 끝자락인 블라디보스토크 구간을 왕복한다. TSR을 타고 총 노선 9,288km를 쉼 없이 달릴 경우, 146시간 즉 6박 7일 동안 7번 시차가 바뀌는데, 이는 지구의 1/4 바퀴를 도는 거리이다. 우리는 블라디보스토크에서 출발해 모스크바에 종착하는 횡단열차를 탔다. 모두 63개의 기차역을 거치며 시속 64km 정도로 우리나라 비둘기호 두 배 정도 속도를 내는 열차다.

시베리아 횡단열차는 건설 속도가 무척 빨랐다고 한다. 1904년 경부선이 1년에 441km의 철로를 건설했고 1800년대 미국 대륙열차는 471km였던 데 반해, TSR은 626km였으니 건설 속도가 엄청났던 것 같다. 러시아는 땅덩어리가 우리나라의 약 170배나 될 정도로 어마어마할 뿐 아니라 기후와 도로 사정이 열악해 자동차 여행은 엄두도 못 내고 기차 여행이 일반적이다. TSR은 우리 같은 여행자에게는 일생에 꼭 한 번 타보고 싶은 로망의 대상이지만, 현지인들에게는 일상적인 대중교통수단인 것이다.

덕분에 러시아는 열차 시스템이 잘 발달되어 있다. 노선은 구간별로 크게 4가지로 나눠지는데, 블라디보스토크에서 모스크바까지 가는 시베리아 횡단열차, 중국 베이징에서 출발해 몽골 울란바토르를 거쳐 러시아의 울란우데까지를 잇는 몽골종단철도Trans-Mongolian Railway, TMGR, 중국 창춘철도라고도 불리며 러시아 자 바이칼트란스바이칼과 블라디보스토크를 연결하는 만주횡단철도Trans-Manchurian Railway, TMR, 제2의 시베리아철도라고 불리는 바이칼-아무르철도Baikalo-Amurskaya Magistral, BAM가 그것이다.

시베리아 횡단열차는 다양한 열차로 운영된다. 일반 여객열차는 001~698번까지의 편명을 부여받는데 그중 450~598번은 비정기 운행 열차이며 700번대 이상은 고속열차, 900번대는 관광열차다. 일반 여객 열차는 번호가 0번에 가까울수록 좀 더 신형이다. 따라서 001번 열차가 최신형이고 200~300번대 열차의 경우 상대적으로 연식이 오래된 열 차다. 신형 열차는 내부 시설도 훨씬 깨끗한 데다가 총 소요 시간도 구 형 열차보다 빠르다. 블라디보스토크에서 모스크바로 갈 경우 최신형인 001번 열차가 099번 열차보다 약 16시간 정도 더 빠르다. 하지만 099 번 열차도 나름 최신형 열차에 속하기 때문에 비교적 깔끔한 편이다. 만 약 열차번호가 200번대 이후라면 최종 목적지까지 가는 길이 비교적 멀고 다소 불편이 따른다는 점을 알아둬야 할 것이다.

시베리아 횡단열차의 출발 시각은 모스크바 시간을 기준으로 한다. 따라서 열차를 예약할 때도 각별히 신경을 써야 하는데, 간혹 비행기 도 착시간보다 이른 횡단열차를 예약해서 낭패를 보는 경우도 있다. 모스 크바 시간과 현지 시간을 헷갈렸기 때문에 벌어지는 일이다. 모스크바 시간을 기준으로 하는 이유는 현지 시각과 모스크바 시간 사이에 시차 가 많이 나기 때문이다. 대부분의 러시아 기차역에는 두 개의 시계탑이 있는데 하나는 모스크바 시간을 가리키고, 다른 하나가 현지 시간을 표 시한다. 시베리아 횡단열차는 러시아 철도청에서 예약할 수 있는데 구간과 날짜, 좌석 등급에 따라 그리고 기차 번호에 따라서도 가격차이가 많이 난다. 당연히 일찍 예매할수록 가격이 저렴하다.

러시아인들은 도시 정착을 출세를 위한 지름길로 여기고 있는 만큼, 모스크바 정착은 모든 이들의 로망이다. 따라서 그동안 대도시 인구 유입 억제 정책에도 불구하고 인구가 계속 증가해왔는데, 그 여파로 대도시 주변에 위성도시들이 많이 생겼다. 러시아 철도 탑승객의 90% 이상이 바로 위성도시에 사는 사람들이다. 2000년대 경제성장으로 모스크바를 비롯한 대도시와 천연자원이 풍부한 지역은 많은 혜택을 입었지만, 그 외 지역은 여전히 불황이 계속되었기 때문에 지역 간 경제 격차가 큰이슈가 되고 있다.

그러나 푸틴 대통령이 취임하면서 러시아 동부 지역에 대한 관심이 일기 시작했고, 횡단열차의 동쪽 구간인 극동 지역과 바이칼 호수 쪽 사람들도 도시 발전에 대한 기대가 큰 상태다. 하지만 이미 오래전 대륙을 가로지르는 시베리아 횡단 열차를 건설했다는 것만으로도 러시아는 대단한 나라라는 자부심을 가져도 충분할 듯하다.

CHAPTER 3

반갑다, 러시아

오르막길에서는 가거나 말거나 두 가지 길이 있지만 내리막길에는
내려가는 단 하나의 길 밖에 선택지가 없다는 걸 깨달았다.
블라디보스토크 정상에서 잠시 내려놓았던 긴장과 설레는 맘을
추스리고 우리는 그렇게 언덕을 내려왔다.

러시아의 관문,
블라디보스토크

　산티아고 순례 길을 다녀온 후배가 그랬다. "사진 찍으며 기분 좋은 날은 처음 며칠뿐이고 조금 지나면 신고 있던 신발마저 무겁게 느껴져 버리고 싶은 때가 온다"고. 블라디보스토크에서 우리가 딱 그랬다. 무거운 캐리어를 끌고 블라디보스토크에서 가장 높은 곳이라는 '독수리전망대'를 오르는 길은 멀고도 가파랐다.

　숙소에서 블라디보스토크 시내까지 로컬 버스를 탄 것은 블라디보스토크의 속살을 느껴보는 기분 좋은 경험이었지만 문제는 캐리어였다. 시내에서 짐을 맡기고 이동했어야 했는데. 무거운 캐리어를 끌고 언덕을 오르느라 벌게진 아들의 손을 보니 미안한 마음이 들었다. 판단착오를 일으킨 나 스스로를 질책할 뿐, 누구를 탓하랴.

　드디어 전망대에 올라서니 전망이 정말 좋았고 바람이 시원하여 고생이 한순간에 날아가는 기분이었다. 전망대 가장 높은 곳에는 러시아 문자인 키릴 문자를 전파했다는 선교사 키릴 형제 동상이 있었다. 키릴 문자와 라틴어가 합쳐져 러시아 문자의 기초가 됐다고 하니, 그 상징성만 보더라도 도시에서 가장 높은 곳을 차지할 자격이 있지 않을까?

흔히 독수리전망대라고 불리지만 정식 명칭은 '오를리노예 그네즈도산 전망대'인데 세계에서 가장 긴 사장교라는 금각만 대교가 내려다보인다.

탁 트인 블라디보스토크를 내려다보고 있자니 앞으로의 여행이 기대됐다. 오르막길에서는 가거나 말거나 두 가지 길이 있지만 내리막길에는 내려가는 단 하나의 길 밖에 선택지가 없다는 걸 깨달았다. 그렇게 우리는 언덕을 내려왔다. 에베레스트보다 더 높게 느껴질 만큼 세상에서 가장 높은 곳에 전망대가 있었다. 그것이 러시아의 첫 인상이었다.

독수리전망대

극동연방대에서
천사를 만나다

    2012년 금각만 대교 개통으로 루스키 섬이 블라디보스톡 시내와 연결되면서 시내 곳곳에 있던 극동연방대학교 캠퍼스가 이곳으로 이전해 왔다. 새 캠퍼스는 2012 APEC 정상회의장으로 먼저 사용됐다. 대학은 그 후에 이전했는데 극동연방대학교도 관광 명소가 됐다고 한다. 캠퍼

독수리전망대에서 내려다보이는 금각만 대교(현명이 그림)

스 내에 해수욕장이 있는 러
시아 내 유일한 곳이기 때문
이다. 여름이면 극동연방대학
교의 해변은 수많은 사람들
로 활기가 넘친다. 우리에게
는 낯선 이름의 극동연방대
학교는 1988년에 설립되었다
고 한다. 1,500여 명의 외국

인 학생을 포함하여 3만여 명 학생이 재학하고 있으며 매년 학생 수가
증가하고 있는, 러시아 학생들이 가장 가고 싶어 하는 대학 중 하나다.

나는 아들과 이 대학에 꼭 가보고 싶었다. 다른 모든 관광지를 포기
하고라도 가고 싶을 정도였다. 극동에서 가장 좋은 대학이자 러시아 내
에서도 최근 주목받고 있는 좋은 대학이라니 안 가볼 이유가 없었다. 특
히 우리 부자에겐 다른 나라로 여행을 갈 때마다 대학에 가보는 것이
우리만의 전통 같은 것이기도 했다.

여행은 의미 있는 만남의 연속이다. 일정이 힘들어도 유쾌한 사람을
만나면 즐겁고 힘이 난다. 극동연방대학교를 찾고 있는 우리 앞에 운명
같이 찾아온 빨간 머리 러시아 아주머니. 구글 맵이 말을 듣지 않아 길
을 헤매고 있을 때, 자신이 가던 길을 마다하고 우리를 대학에 데려다주

최근 극동 지역 명문 대학으로 떠오르고 있는 극동연방대학교

겠다며 걱정하지 말라는 그녀였다. 말 그대로 우리가 러시아에서 첫 번째로 만난 천사였다. 그 때까지만 해도 말이다.

러시아의 버스는 우리나라와 달리 정류장에 사람이 없어도 정차 후 30초 정도를 기다린다. 마음이 급해서였을까? 규칙을 지키는 그런 모습마저도 못마땅할 만큼 극동연방대학교까지 갈 길이 멀었다. 아주머니는 버스를 타고 가는 내내 불안해하는 내게 걱정하지 말라며 자신이 그 대학 체육관에서 수영을 하고 있으며 딸이 한국말을 잘 한다고 전화 통화까지 시켜줬다. 딸은 부산에서 2년 동안 살았다고 한다.

안심이 되기도 했지만 왠지 모를 불안감도 있었다. 우여곡절 끝에 1시간 반 만에 표지판도 없는 도로 한가운데 그녀와 함께 내렸다. 허허벌판 같은 그곳에서 도로를 가로지르자마자 거짓말처럼 대학이 보였다. 마침 한국인 유학생을 만나 한결 여유를 찾았는데 그때부터 천사 같던 아주머니가 슬슬 마녀로 바뀌는 게 아닌가? 빨간 머리 아주머니는 답례로 빨리 점심을 사라고 재촉하더니, 아들과 내가 먹은 금액보다 많은 엄청난 양의 식사를 시켜 먹었다. 역시 세상에 공짜는 없는 법. 극동대학교를 가이드해주겠다는 말이 사심 없는 호의였다면 좋았겠지만 친절한 러시아 아줌마에서 마녀로 변하기까지는 그리 오랜 시간이 필요하지 않았다.

그녀와 헤어질 무렵, 우리 앞에 진짜 '엔젤'이 나타났다. 캐리어가 무거워 보였는지 갑자기 내게 한국말로 "괜찮아?"라고 물어 와서 깜짝 놀랐다. 말레이시아 출신으로 극동연방대학교에서 마케팅을 전공한다는 그녀의 이름은 앤젤라였다. 학교 내를 운행하는 셔틀버스를 탔는데 거기서 만났다. 대학 정문을 보고 싶다는 내 말에 버스에서 내려 우리에게 친절하게 길을 알려줬다. 러시아에서는 우리나라 대학처럼 복수 전공이 가능한데 본 전공은 주간에, 부전공은 야간에 이수한다고 한다. 말하자면 졸업장 2개를 받는 것인데 본 전공은 장학금을 받을 기회가 있지만 부전공은 무조건 사비로 다녀야 한다. 앤젤라는 마케팅을 전공하면서 물리학을 부전공한다고 했다. 모국어인 말레이시아어는 물론이고 러시아어, 중국어, 영어, 한국어까지 5개 국어를 하면서도 더 배우려고 노력 중이란다.

앤젤라 덕분에 러시아 극동지역 최고 대학인 극동연방대학교의 이모 저모를 둘러볼 수 있었는데, 내가 한국에서 온 교수라고 하자 강의실을 보여주겠다며 임시 출입증을 발급받기 위해 이리저리 알아봐줬다. 덕분에 우리는 출입 자체가 어려운 러시아 대학의 강의실이며 학과사무실 등을 돌아볼 수 있었다. 러시아에서 대학 건물을 통과해 들어가는 일이 얼마나 어려운지는 나중에 안 사실이다.

아들은 항상 노력하는 앤젤라의 모습에서 감동을 받은 것 같았다. 몸에서 배어나오는 친절과 예의바름, 그리고 5개 국어를 하면서도 더 배우려고 노력한다는 엘리트 학생의 모습이 인상적인 듯했다.

한결 여유를 찾은 우리는 극동연방대학교의 해변을 찾았다. 해변에서 만난 14살 여자 아이가 혼자 스케치하는 모습을 보며 러시아의 예술과 문학의 저력이 어디서 나오는지 생생하게 느낄 수 있었다. 여자 아이는 집에서 1시간 거리인 이곳 해변까지 혼자 버스를 타고 와서 그림을 그린다고 했다. 저 멀리 보이는 루스키 대교를 그렸는데 그림 실력도 수준급이었다. 스케치북에 있는 내 그림을 보여주자 흥미롭게 쳐다봤다. 그림이라는 공통 관심사가 있어 마음이 통했던 것 같다. 시간이 주어졌다면, 같이 스케치를 했겠지만 준비해 간 접이식 부채를 선물하는 것으로 아쉬운 마음을 대신했다. 아들은 자기보다 나이 어린 아이가 1시간 거리를 혼자 버스 타고 와서 그림을 그리는 것에 꽤나 놀란 듯했다. 러시아의 힘은 저렇게 어린 시절부터 예술을 접하면서부터 천천히 만들

극동연방대학교 해변에서 루스키 대교를
그리고 있던 소녀

어진다는 것을 어렴풋이 알게 됐으면 좋겠다.

러시아 관광은 지역에 따라 유형이 구분되는데, 모스크바와 상트페테르부르크는 대부분 국내 여행사의 단체 여행이 대부분인 반면 블라디보스토크는 자유여행 비중이 상대적으로 높다고 한다. 러시아의 주요 관광지가 서부 지역으로는 모스크바, 상트페테르부르크, 극동 지역으로는 블라디보스토크에 집중돼 있으나, 점차 확대될 것이라고 한다. 앞으로 극동연방대학교에는 한국 유학생들도 많이 늘어나지 않을까 하는 생각이 들었다. 그때쯤이면 극동연방대학교의 인지도도 많이 올라가게 될 테니까.

횡단열차를 타기 위해 블라디보스토크 시내로 돌아가야 할 시간이 됐다. 시간이 촉박해서 버스를 타는 대신 우리나라의 콜택시 같은 막심 택시를 불렀다. 하지만 시내에서 멀리 떨어진 루스키 섬까지 오려는 택시가 없었다. 그나마 콜에 응했던 택시 3대가 연속으로 예약을 취소하는 바람에 버스를 탈 수밖에 없었다. 몇 번 버스를 타야 하는지도 확실치 않아 러시아 학생들에게 물어서 15번 버스임을 확인했다. 길 저편에서 올 버스를 하염없이 기다리던 우리 둘은 마치 '고도'를 기다리는 심정이었다. 저녁이 그렇게 서서히 저물어갔고 우리 부자의 마음도 점점 어두워져갔다. 간신히 버스를 탔지만 시내로 오는 길은 우리나라 명절 때 고속도로 정체 수준으로 오도 가도 못하는 지경이었다. 하지만 러시아 사람들은 평온한 모습으로 태연하게 안고 있는 강아지를 쓰다듬거나 무심하게 밖을 쳐다보거나 버스 안에서 유일한 이방인인 우리를 힐끗거렸다.

블라디보스토크 시내에는 폐차장에 가야 할 것 같은 차들이 도로 위를 신나게 달린다. 여기서는 자동차가 부의 상징이라기보다는 말 그대로 이동수단이라는 느낌이 들었다. 시가지의 자동차와 트램을 보면 거의 대부분 수명이 다한 모델들이었다. 시내 버스는 대우와 현대의 로고를 달고 운행 중이었는데 한글 광고판이 그대로 남아 있는 중고차들이었다.

한 번도 세차를 안 한 것처럼 뿌연 먼지를 뒤집어 쓴 버스 안에서 발을 동동 구르며 구글 지도를 살피고 있는데 설상가상으로 휴대폰 배터리가 거의 방전됐다. 그런데 갑자기 버스가 생각지도 않은 길로 접어 들어 육감적으로 버스에서 내려야겠다고 생각했다. 내리려고 짐을 챙기고 있을 때 어디선가 낯익은 한국말이 들렸다. "어디까지 가세요?" 아들에게 말을 건넨 그들은 한국에서 일한 적 있다는 고려인들이었다. 그분들이 택시를 잡아주고, 택시에 올라타려는 내 팔을 잡아끌며 먼저 요금부터 흥정해야 한다고 말해줬다. 우리의 여행을 도와준 또 다른 천사들의 도움으로 겨우 블라디보스토크 역에 도착할 수 있었다. 세상에는 욕심 많은 사람들도 있지만, 좋은 사람도 많다. 좋은 사람들이 베풀어준 친절과 배려 덕분에 우리 여행객들도 외롭지 않으며, 무사히 시베리아 횡단 열차에 오를 수 있게 됐다.

새로운 세상이
펼쳐지다

기차라는 단어는 언제 들어도 가슴 설렌다. 그중에서도 전 세계 많은 여행자들이 평생에 꼭 한 번은 타보고 싶은 기차로 꼽는 것이 시베리아 횡단열차가 아닐까 싶다. 일주일 내내 열차에 있으면 어떤 느낌일까? 그런 궁금증을 안고 기차에 올랐다. 명찰이 달린 흰색 셔츠와 회색 치마를 입고 회색 베레모를 쓴 채 객차 입구에 도열한 승무원들이 승객들을 맞아줬다. 아들이 먼저 시베리아 횡단열차에 오르기 전에 승무원에게 승차권을 보여주자 승무원은 숙제 검사라도 하듯 꼼꼼하게 살폈다.

시베리아 횡단열차 여행은 단순히 기차여행이라고 말하기에는 뭔가 부족한 느낌이 든다. 다음 역에 도착하기까지 꼬박 하루가 걸리기도 하고, 그 사이 객차 안에서 먹고 자며 반복되는 낮과 밤을 보내게 된다. 이

쯤 되면 기차여행이라기보다는 '기차생활'이라고 하는 것이 더 맞을지
도 모르겠다. 우리의 기차생활도 그렇게 시작됐다.

시베리아 횡단열차에서 처음 본 아저씨는 만난 지 5분 만에 자신의
휴대폰 속 사진을 보여주며 만담을 시작했다. 곰 털로 만든 색 바랜 코
트를 입고 면도를 안 해 덥수룩한 모습이 딱 사냥꾼 같았다. 철도 수리
하는 일을 하며 이르쿠츠크에 산다고 했다. 그는 한참 동안 휴대폰을 뒤
져 동영상을 보여줬는데 친구들과 함께 숲속에 있는 곰을 잡는 장면이
었다. 러시아에서는 흔한 일상이란다. 러시아에서 곰 사냥은 합법적이
라 여행 온 외국인들도 많이 즐긴다고 하는데, 말로만 듣던 곰 사냥이라
니 상상하기 힘든 장면들이 횡단열차 안에서 펼쳐지고 있었다. 그는 집
근처에서 만난 호랑이와, 불곰을 잡다가 곰에 물리는 장면을 찍은 동영

상도 보여줬는데, 자기가 봐도 재미있는지 혼잣말을 하며 껄껄 웃기도 했다. 그 모습에선 강인한 러시아 남자들의 '마초 기질'이 배어 나왔다. 성공한 상품의 이미지 뒤에는 스토리가 있다던가. 지포 라이터가 그랬고 몽블랑 만년필이 그런데, 나에게 불곰을 잡는 러시아 사내들의 마초 기질이 러시아를 그리는 이미지로 자리 잡게 될 것 같았다.

우리는 갤럭시와 아이폰이 필수품인 세상에 살고 있는데, 피처폰을 든 러시아 사람들과의 만남은 마치 과거와의 만남 같았다. 기차 안에서 우리는 호기심과 관심의 대상이 되었는데, 우리가 유일한 외국인이었기에 더욱 그랬을 것이다.

아들은 항상 웃통을 벗은 채 피처폰을 들고 비좁은 열차 복도를 차

내가 그린 TSR 객실 그림을 들고 있는 '곰 잡는 아저씨'

지하고 있는 알렉산더를 피해 다녔다. 그는 벨라루스 출신으로 아내와 함께 2살짜리 딸을 데리고 예카테린부르크까지 간다고 했다. 알렉산더는 우리가 한국에서 왔다고 하자 "북한^{North Korea}?"이라고 되물었다. 그는 또 우리나라의 전임 대통령 이름을 말하며 아는 척을 했다. 내가 푸틴 대통령을 칭찬하자 좋아하면서 엄지를 척 들어올린다. 그러다가도 2살짜리 딸이 울면 하던 얘기를 멈추고 얼른 달려가던 딸 바보 아빠였다. 알렉산더는 좋은 아빠가 되고 싶다고 했고 나는 그의 꿈을 응원해줬다. 딸이 울면 얼른 달려가는 알렉산더는 이미 '좋은 아빠' 같았다. '딸 바보'는 우리나라 아빠들뿐 아니라 러시아 상남자들에게도 잘 어울리는 말인 듯했다.

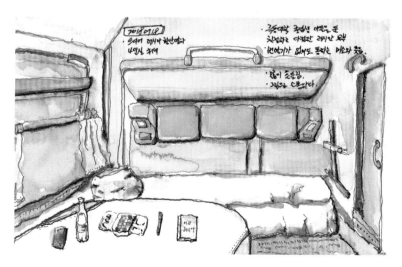

시베리아 횡단 열차 안에서 처음 그린 그림

열차 탑승객은 주로 직장인이거나 친척집을 방문하기 위해 탑승한 사람들이 주를 이뤘다. 아이를 동반한 젊은 부부가 많아 아이들이 뛰노는 열차 복도는 운동장도 되고 놀이방도 됐다. 옆방의 기저귀 찬 꼬마가 우리 객차에 놀러오자 곧이어 엄마도 아이가 넘어질세라 아이 손을 잡고 따라 들어왔다. 꼬마가 들어오자 익숙한 아기 냄새가 났고 나도 모르게 인자한 아빠 미소를 지었다. 우윳빛 피부에 커다랗고 파란 눈을 반짝이는 러시아 꼬마는 우리 딸이 어릴 적 가지고 놀던 인형을 그대로 닮은 모습이었다. 아이의 등장으로 우리 부자는 아빠가 되고 삼촌도 됐다. 아이를 좋아하는 느낌은 아이가 제일 먼저 아는 모양이었다. 자기를 귀여워하는 내 마음을 읽었는지 꼬마는 우리 방에 자주 놀러왔고 나도 그때마다 미소로 맞아 주었다. 아이 엄마는 영어를 전혀 하지 못해 말은 통하지 않았지만 상관없었다. 시베리아 횡단열차 안에는 만국 언어인 미소와 웃음이 있었으니까. 꼬마의 친구 둘까지 합세해 우리 방을 찾아오면 우리 객실은 놀이방이 됐는데 아들은 그게 싫은지 한숨만 내쉬었다. 아들은 아직 삼촌이 될 준비가 안 돼 있는 모양이다. 하지만 언젠가는 조카에게 맛있는 것도 잘 사주는 좋은 삼촌이 될 거라는 상상을 해봤다. 아들은 위층 침대에서 아예 몸을 돌려 아이들을 쳐다보지도 않았지만, 어쩌랴. 천사 같은 러시아 꼬마들이 무료하고 나른한 열차 여행의 작은 활력이 되어주는 것을.

객차 생활은 여행 오기 전에 들었던 것처럼 위험하지도, 지저분하지도 않았다. 사람들은 대개 유순하고 친절했다. 아이들은 복도에서 놀았고 나는 그들과 금세 친구가 됐다. 복도에서 마주치면 가벼운 눈인사를 주고받고 때로는 먼저 가라고 길을 비켜주기도 했다. 러시아 사람들의 배려심은 쉽게 드러나지는 않지만 세심한 마음 씀씀이에서 발견할 수 있다. 내 침대를 절반쯤 차지하고 앉은 알렉산더나, 자리를 기꺼이 내주고 무릎을 반쯤 접은 나나 참 자연스러웠다. 이런 게 친숙함이 아닐까. 시베리아 횡단열차에서 만난 사람들은 대부분 소박하고 조용했으며 따뜻한 사람들이었다.

횡단열차
풍경

러시아 대평원

군의관 알렉산더가
'미스터 두, 러시아 대평원을 그리다'라고 써 주었다.

우리가 TSR을 예약하면서 중요하게 생각한 조건은 세 가지였다. 2등석일 것과 에어컨이 있으면서, 탑승하기 편한 좋은 시간대에 출발하는 열차일 것. 이 세 가지 조건을 만족하는 열차를 골라 예약을 마쳤다.

열차의 종류가 다양해서, 애완견과 같이 탈 수 있는 열차는 예약할 때 표시가 따로 돼 있다. 우리 객차에는 애완견이나 동물을 태울 수 있는 객실은 없었지만 옆 객차에는 그런 객실이 있었다. 털 알레르기 때문에 동물을 키울 수 없는 아들은 개나 고양이를 만나면 무척 좋아한다. 그래서 열차를 예약할 때 혹시 애완견이라도 만난다면 아들이 좋아하겠다고 생각했는데 아쉽게도 그런 기회는 없었다. 언젠가 아들이 커서 독립을 한다면 애완견을 데리고 시베리아 횡단열차를 타고 여행할까? 그런 날이 온다면 아빠와 같이 여행했던 오늘을 기억할까?

시베리아 횡단열차는 객실 종류에 따라 1등석부터 3등석까지로 나누어진다. 룩스Luxury는 2인 1실의 1등석이고, 쿠페Compartment는 4인 1실의 2등석, 플라츠카르타Reserved Seat는 3등석이다. 3등석은 복도를 따라 침상이 놓여있는 개방형 침대칸인데 방 구분이 거의 없이 완전히 오픈된 모습이며 배낭여행족들이 가장 많이 선택하는 열차기도 하다. 장시간 동안 기차를 타야 하는 시베리아 횡단열차 특성상 다양한 사람들을 만날 수 있는 공간이기도 하다. 각 등급별 장단점은 분명 존재한다.

우리는 2등석 쿠페를 이용했는데 한 객차의 한 편에는 객실이 9개나 있고 나머지 한 편에는 복도가 길게 나 있다. 쿠페는 안락한 원룸과 비슷한데 어떤 룸메이트를 만나느냐에 따라 여행의 분위기와 만족도가 크게 달라진다. 좁고 제한된 공간에서 며칠 생활하는 것은 우리가 처음 해보는 여행이었기 때문에 걱정도 됐지만 기대도 됐다.

러시아 사람들은 표정 변화도 없고 무뚝뚝해서 무서울 것 같은 선입견마저 든다. 부디 친절하고 유쾌한 사람들과 만나서 우리 부자의 여행이 즐겁고 유쾌하기를 빌었다.

아침 동틀 무렵. 시베리아 횡단열차에는 알람이 따로 필요 없다. 차창밖에서 비춰오는 러시아산 아침 햇살은 포근하고 다정하게 우리를 조용히 깨웠다. 해가 뜨면 가만히 스며들어온 햇살이 깨워주는 아침이다. 그것마저 시베리아 횡단열차다운 멋스러움이었다. 시베리아 횡단열차는 열차 안에서 숙식을 비롯한 모든 생활이 이루어지는 그야말로 움직이는 집인 셈이다. 그래서 생활에 필요한 모든 것을 미리 준비하게 되는데 우리가 챙겨간 준비물 중 가장 유용했던 것은 의외로 멀티콘센트이였다. 심지어는 다른 나라 사람들도 이 콘센트를 함께 쓰며 친해졌는데, 영국에서 온 벤자민은 우리 멀티콘센트를 쓰고는 매번 고맙다는 인사를 하며 가까워졌다. 벤자민이 조심스레 우리 객실 문을 열고 충전을 부탁한 자신의 외장 배터리를 가지러 왔다. 다 자는 걸 알고는 미안하다며 "잘 자, 고마워"라고 인사를 건네는 벤자민에게, "그래, 벤자민 너도"라

늘 웃통을 벗고 사람 좋은 웃음을 짓던 '딸바보' 알렉산더

고 이름을 불러주자 자신의 이름을 기억해줘서 놀랐다며 웃었다. 재밌는 또 한 번의 만남이 지나갔다. 시베리아 횡단열차를 많이 타는 러시아 사람들이 멀티콘센트를 휴대하지 않는 것이 의외였지만 어쨌든 우리가

가져간 멀티콘센트는 단연 인기였다. 그리고 캐리어 두 개 중 한 개를 가득 채워간 컵라면 역시 인기가 좋았다.

룸메이트 비카가 물 따르는 소리에 잠을 깼지만 눈을 뜨지 않고 내 침대 벽 쪽으로 조심스럽게 몸을 움직였다. 나는 마치 프란츠 카프카의 소설 『변신』에 나오는 주인공처럼 벌레가 된 기분이었다. 이 기차를 탄 이후 5시간 넘게 잠을 잔 적이 없다. 첫날은 멀미를 했는데 아픈 몸이 회복되지 않은 상태에서 여행을 시작해 피로가 누적된 것 같았다. 하지만 낮잠을 자기는 싫다. 별 다른 걸 하는 건 아니지만 자는 시간이 아까워서다. 그것은 시베리아 횡단열차에 대한 모독이다. 하지만 이번 여행에서 하고 싶은 것 중 하나가 24시간 잠자기가 들어 있으니 참 우습다.

러시아 사람들은 나이에 얽매이지 않고 친구가 되는 모양이다. 적어도 내가 보기엔 나이의 차이도 성별의 차이도 없다. 그런 모습이 열린 마음이라고 생각한다. 무뚝뚝한 표정은 겉모습일 뿐이다. 진짜 친절하고 열린 사람들이 러시아 사람들임을 여기 횡단열차 안에서 생생하게 느낀다.

역사적으로 러시아는 추운 날씨와 척박한 땅에서 생활하면서 경쟁보다는 상호협동을 중요시하는 나라다. 이렇게 협동을 강조하는

정신이 바로 러시아가 여타 서양 국가들과 다른 점이라고 할 수 있다. 거기에 공산주의 시대를 거치면서 평등사상까지 더해지게 됐다. 그제야 횡단열차에서 만난 러시아 사람들이 누구와도 그렇게 스스럼없이 어울리고 자연스럽게 대화를 나누는지 이해가 됐다.

이제 제법 기차생활에 이력이 붙었다고 그동안 들리지 않던 옆방 소리도 잘 들린다. 겨우 얇은 벽 하나를 사이에 두고 저편에 다른 세상이 있다는 것이 신기했다. 저편 세상에는 기저귀 찬 인형 같은 남자아이와 그 아이를 보살피는, 금발머리를 예쁘게 땋아내린 7,8살쯤 돼 보이는 여자아이가 있다. 항상 윗옷을 안 입는 배 나온 아저씨와 엄마가 그 방의 주인이다. 옆방 2살짜리 꼬마는 밤새 악을 쓰며 울었고 오늘도 내내 그랬다. 새벽 내내 울던 아이의 엄마를 복도에서 마주쳤다. 눈이 쑥 들어간 초췌한 얼굴로도 미소를 지어 보였다. 아들이 아기였을 때도 잠을 자지 않아 힘들었던 기억이 났다. 아내도 많이 힘들었을 텐데, 홀로 육아를 도맡게 했던 그 때가 생각나 미안했다. 아기 우는 소리가 거슬린다는 아들에게 "너도 어릴 때 저랬어"라고 하니, 그럴 리 없다며 믿지 않는다. "네 누나는 정말 순했는데, 너는 저 아이보다 더했다니까." 아들은 말이 없어졌다. 차창 밖으로 비가 내린다.

횡단열차의 복도에서 대평원을 바라보았다. 노을이 지고 있고, 웃통을 벗은 배 나온 아저씨도, 사랑하는 애인과 플랫폼에서 애틋한 작별을 했던 18살 대학생도, 천방지축 4살 꼬마도 그 노을을 바라보고 있었다. 열차가 철도 침목을 지날 때마다 덜컹덜컹 울리는 진동 때문에 다들 몸이 덜컹거렸고 기차가 왼쪽으로 휘어지면 우리도 다 같이 몸이 왼쪽으로 기울어졌다. 젓가락 행진곡처럼 똑같은 리듬을 타고 흔들리는 서로의 모습을 보며 웃기도 했다. 열차 속 우리는 똑같은 풍경을 보고 감동했고 똑같은 덜컹거림에 흔들렸다. 밤이면 성냥갑 속에 나란히 들어가 있는 성냥개비들처럼 똑같이 침대에 눕는다.

하루 사이에 우리나라를 종단한 거리보다 더 먼 거리를 이동했다는 사실이 우스웠지만 종착역인 모스크바까지는 갈 길이 멀다. 블라디보스토크에서 출발한 시베리아 횡단열차는 모스크바를 향해 달려가면서 다양한 창밖 풍경을 보여준다. 우랄산맥을 지나 서쪽으로 가면서 풍경은 자작나무에서 낮은 키의 풀과 관목으로 변하기를 반복했다. 기차 밖 풍경은 블라디보스토크에서 이르쿠츠크 구간이 제일 예쁜 것 같다. 울란우데 근처에서는 몽골 대초원만큼은 아니어도 정말 넓은 평야가 펼쳐졌다. 그런 풍경의 변화는 러시아의 면적이 엄청나게 넓다는 것을 의미한다.

풍경을 즐기던 찰나, 아들이 갑자기 코피가 난다며 코를 막고 급히 화장실로 달려갔다. 곧바로 따라 나섰는데 금세 복도 맞은편에서 화장지로 코를 막고 돌아온다. 어색하게 웃으면서 괜찮다고 했지만 마음이 편치 않았다. 열차 안에는 의사도 없고 간단한 비상약 정도만 있을 텐데 큰 일이 아니길 바란다. 둘 중 한 명이라도 아프면 이 여행은 아쉽게도 끝이 날 테니까. 아들의 건강이 걱정돼서 중간중간 위 칸에 잠들어 있는 아들을 올려다보고 또 올려다봤다. 때로는 정말 힘들 때, 옆에 있는 누군가의 숨소리만으로도 혼자가 아니라는 안도감이 들어 위안이 될 때가 있다. 아무리 멋진 장관이 펼쳐져도 곁에 있는 아들이 아프면 그것은 악몽일 뿐이다. 아이의 보호자이자 여행 파트너로서 아이의 건강은 내가 책임질 일이리라. 여행이 끝날 때까지 녀석이 아프지 않기를 빌어본다.

하루의 기분은 별 것도 아닌 소소한 것들로 인해 결정됐다. 간단한 아침 식사, 창밖으로 비치는 풍경 그리고 내 허리 상태 같은 것이다. 사소한 것들이 중요한 뉴스가 되고 관심사가 될 만큼 우리의 열차 여행은 좋게 말하면 간결하고 멋지게 말하면 시크하며 솔직하게 말하면 단조로웠다. 좁은 열차 칸 안에서 먹고, 자고, 읽고, 차창 밖 풍경을 보는 그 모든 것이 완벽한 휴식이었다. 그 담백한 여행이 기름기 가득한 지금의 아들에게 건강한 시골 밥상 같은 소박함을 느끼게 했으면 좋겠다.

그녀는 선생님,
나는 학생

김춘수의 〈꽃〉이라는 시에서처럼 내가 그녀의 이름을 불러줬을 때 그녀가 내게로 왔다. 비카는 기차를 타고 처음 만난 '룸메이트'였다.

비카. 내가 이름을 따라하자 발음이 틀렸다며 고쳐서 발음해 주었다. 'B'가 아니라 'V'로 발음해야 한다면서 자기 입술을 가리키며 시범을 보여줬다. 내가 발음하면 또다시 고쳐서 발음해줬다. 결국 10번을 따라 하고서야 이제 됐다고 웃으며 고개를 끄덕인다. 그녀가 내게 오기까지는 10번의 호명이 필요했던 셈이다. 2음절 밖에 안 되는 이름을 틀리면 얼마나 틀리게 발음한다고 10번이나 따라 하게 시키나 싶었는데, 알고 보니 직업이 교사란다. 그것도 초등학교 1학년 담임. 나도 러시아 선생님 앞에선 초등학교 1학년짜리 학생이었던 것이다. 덕분에 '비카'라는 이름은 이번 여행을 통틀어 가장 인상 깊은 이름이 됐다.

비카가 따라 하라며 입 모양까지 정확하게 보여주자 아들이 침대 위 칸에 있다가 고개를 쭉 빼고는 재밌는 구경이라도 생긴 듯 내려다봤다. 어쩌면 자기도 똑같은 일을 당할지도 모른다는 생각 때문인지 열심히 곁눈질하는 것 같았다. 시험은 어떤 모양으로든 사람을 긴장하게 만드

TSR에서 만난 러시아 선생님 비카에게 스케치한 부채를 선물했다.

는 것 같다. 우리 부자는 비카 선생님 덕분에 착실한 학생이 되어 러시아 이름 하나를 명확하게 발음하게 됐다.

새벽 5시에 일어나 창밖을 보며 조용히 차를 마시고 있는 비카를 본적이 있다. 아침식사로 통밀로 만든 크래커를 그 유명한 러시아 자연산 벌꿀에 찍어 먹었다. 원래 러시아는 음식에 관한 한 소박한 편이고, 오래전부터 가정에서도 메밀, 우유 등 검소한 식단으로 식사를 했다고 한다. 꿀은 동슬라브 사람들이 즐겨 먹었는데 꿀로 알코올 도수가 있는 음료를 만들기도 한단다. 꿀은 주로 숲에서 채취하는데 꿀에 버찌, 딸기,

패랭이 등을 넣어 먹기도 한다. 비카가 꿀을 같이 먹자면서 덜어 놓을 컵을 찾길래, 일회용 소주잔을 내밀자 벌꿀을 듬뿍 담아주었다. 나도 벌꿀 바른 통밀 크래커를 먹으며 창밖을 쳐다봤다. 창밖에는 거짓말 같은 풍경이 계속 스쳐 지나가고 있었다. 비카가 건네 준 꿀과 크래커를 먹고 몸까지 건강해지는 듯한 기분이었다.

또 어떤 날에는 계란 한 알과 토마토로 식사를 대신하기도 했다. 왜 그렇게 건강을 챙기느냐고 물어보니 오래 살고 싶기 때문이라고 했다. 자신은 이미 손녀가 있는 할머니라며 "당신은 언제 할아버지가 될 거냐?"고 묻는다. 중학생 아들을 둔 내가 시베리아 횡단열차 안에서 할아버지가 되는 상상을 하고 있자니, 앞이 까마득해졌다. 아들에게 "비카가 아빠한테 언제 할아버지가 될 거냐고 묻더라"고 하니, 아들은 "아빠는 아직 젊은데"라고 말한다. 영원히 젊은 아빠로 남아 있기를 바라는 아이의 마음은 이해하지만, 나도 언젠가는 할아버지가 되어 아들과의 지금이 눈부신 여행을 손주에게 말하게 되는 날이 오게 될 것이다. 그런 상상을 하니 혼자 슬며시 미소가 지어졌다.

아들이 비 오는 창밖의 대평원을 물끄러미 보고 있었다. 그 모습을 보면서 아들이 아무 생각 없이 자연을 바라본 적이 있었는지 생각해봤는데, 쉽게 기억나지 않았다. 러시아가 우리에게 선물한 감성의 시간이었다. 일기를 쓰고 사진을 찍는 건 나중에 그 시간을 기억하기 위해서라기보다는 지금 그 순간에 특별한 의미를 부여하기 위해서다. 조용히 창밖을 바라보는 이 순간이 아들에게 조금이라도 특별한 의미로 다가오기를 바라던 찰나, 비카가 코를 곤다. 아침의 적막은 그렇게 물러났다.

이렇게 비가 오거나 흐린 날씨엔 어떤 노래가 어울릴까? 휴대폰을 뒤적이며 여행할 때 들으려고 준비해 온 음악을 찾다가 영국 록 그룹 '앨런 파슨스 프로젝트'의 〈아이 인 더 스카이Eye in the sky〉를 골랐다. 스카이란 단어가 눈에 들어왔기 때문이다. 이 곡을 듣고 나서 좁은 화장실에서 그림 그릴 때 쓰는 물통에 물을 받아 샤워를 하면 기분이 개운해질 것이다. 그 사이 일어난 비카가 샴푸 냄새를 풍기며 객차 안으로 돌아왔고 손을 들어 인사하자 그녀도 웃었다. 곧이어 차를 마시며 초연히 창밖을 바라보는 그녀가 진짜 어른 같다는 생각을 했다. 날아다니는 감정들을 마음 저 깊은 곳에 차곡차곡 쌓아 놓고 있는 것일까? 학교에서 티 없이 맑은 초등학교 1학년 아이들을 가르치고 있고 건강한 음식으로 몸을 깨끗이 하는 그녀는 충분히 그렇게 마음을 다스릴 수 있을 것 같았다. 더군다나 그녀는 진짜 러시아인이 아닌가? 나 혼자 그런 결론을 내리고 나서 그녀를 보며 웃자, 비카 역시 따라 웃는다.

내가 자신의 이름을 10번이나 따라 해서인지 모르겠지만 어느덧 친근해진 느낌이 들었나 보다. 비카가 휴대폰에서 가족사진을 찾아 보여 줬다. 나중에 알았지만, 러시아 여자들은 다른 사람에게 자신의 나이나

개인 사진을 공개하는 걸 무척 꺼려한다고 한다. 하긴 처음 만나는 사람, 그것도 외국인에게 자신의 사진이나 개인사를 얘기한다는 건 시간이, 아니 용기가 필요한 일일 것이다. 그런데도 내게 사진을 보여준 이유가 뭘까? 러시아 사람들은 우정Druzhba을 매우 중시한다고 한다. 상대방과의 관계를 중시하는 러시아인들은 절대 처음부터 자신을 보여주지 않으며 상대방을 어느 정도 알고 나서야 마음을 열고 친해진다고 한다. 알고 보니 나와 동갑내기인 비카도 평범한 러시아 사람일 텐데, 우리에게 마음을 열어준 것이 고마웠다.

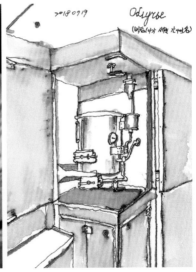

나와 동갑내기 비카   열차에 설치돼 있는 온수기 그림

너는 무료하지만
아빠는 즐거워

　아이의 스마트폰이 고장 났다. 휴대폰이 침대 철제 프레임에 찍힌 모양인데 액정 화면이 거의 보이지 않았다. 자신의 실수로 고장 난 게 아니니 액정을 교체를 해주거나 아빠가 쓰던 폰을 물려받고 싶다며 둘 중 하나를 들어달라는 게 아들의 요구였다. 애초 스마트폰을 사줄 때 약속한 내용에는 없던 요구지만, 아들이 이렇게 제법 정연한 논리로 '협상'을 시도하는 것이 내심 기특했다. 하지만 스마트폰이 사라진 김에 '인터넷에 기대지 않고 아빠와 좀 더 소통하고 이런저런 생각도 많이 할 수 있는, 좀 더 심심하고 담백한 여행을 해보면 어떻겠니?' 하

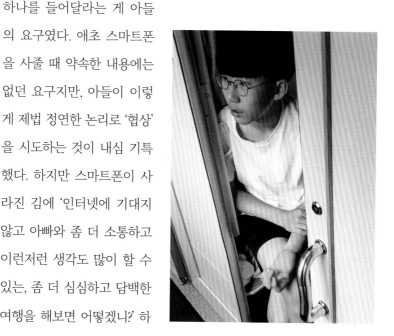

고 제안하고 싶었다.

색으로 표현하자면 파란색의 아빠와 빨간색의 아들이 함께 떠나는 러시아 여행은 어떻게 섞여 어떤 색깔을 만들어내게 될까 궁금해졌다. 파란색이 더 많아지면 보라색이 될 수도 있지만 빨간색이 많아져 자주색이 될 수도 있을 것이다. 그 색깔이 뭐든 우리 둘이 만들어 내는 것이라면 그것으로도 충분히 아름답고 멋질 것 같다는 생각이 든다.

스마트폰이 망가져 속이 상한 아들은 자길 쳐다보지도 말라면서 천장만 보고 있다가 결국 잠이 들고 말았다. 자고 또 잔다. 자다가 깨서 시간을 물어보더니 좀 더 자겠다고 했다. 어제 하루 동안에만 16시간을 잤는데 그래도 잠이 오나 보다. 어쩌면 아들은 여기 시베리아 횡단열차에서 잠자기 개인 신기록을 세울지도 모르겠다. 하지만 그것마저도 시베리아 횡단열차가 주는 추억이자 선물이 될 것이다.

스마트폰이 없어지자 아들 얼굴을 자세히 볼 수 있게 됐다. 오른뺨에 생긴 점이 점점 커지고 있다는 것도 눈에 들어오고 아직도 솜털이 보송보송한 얼굴도 찬찬히 쳐다보게 됐다. TV와 휴대폰이 없어지자 식사를 하면서도 대화가 늘었다. 옆에서 러시아 사람들이 먹고 있는 음식에 대해서도 이야기하고, 이들이 쓰는 커다란 숟가락에 대해서도 이야기를 했다. 그러고 보니, 그동안 TV와 휴대폰에 가족 간의 대화시간을 뺏기고 있었던 게 틀림없다. 어린이는 100가지 언어를 가지고 태어나

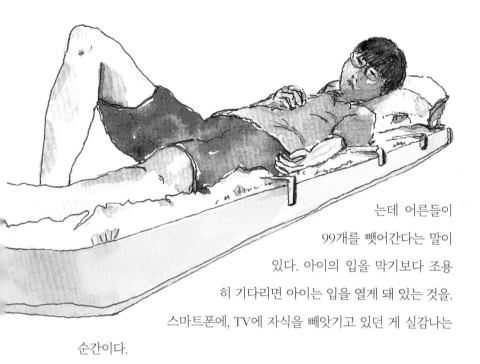

는데 어른들이
99개를 뺏어간다는 말이
있다. 아이의 입을 막기보다 조용
히 기다리면 아이는 입을 열게 돼 있는 것을.
스마트폰에, TV에 자식을 빼앗기고 있던 게 실감나는
순간이다.

아들은 잘 지내다가도 엄마가 보고 싶다며 집에 가고 싶다고 말하기
도 한다. 그래, 일생을 살며 이렇게 소금기 하나 없는 맹맹한 날은 어쩌
면 다시 오지 않을지도 모르지. 이 단조로운 일상이 가끔 머릿속 저편에
숨어 있다가 툭 튀어나올 때도 있을 것이다. 아들은 이 시간을 어떻게
기억하게 될까? 아들과 단둘이 여행하면서 내내 궁금했던 질문이다.

놀 거리가 없던 아들은 어린 아이들이 가지고 노는 레고 조립상자를
꺼내 사자를 완성했다. 조용하길래 궁금해서 들여다보니 우습게도 진지
한 표정으로 3세용 레고를 갖고 놀고 있었다. 여행 중에 혹시 선물할 일

이 생길까 싶어 챙겨온 것인데, 자기가 가지고 놀고 있었다. 황당하면서도 귀여워서 빙긋이 웃어주니, 아들은 쑥스러운 듯 미소를 지었다. 침대 밑에 있던 캐리어에서 3~5세용 진돗개 레고를 꺼내 아들 침대 위에 슬쩍 놓아 주었다.

그러고 보니, 아들이 어렸을 때의 모습이 떠오른다. 아이는 레고를 정말 좋아했다. 레고가 세상의 전부이고, 모든 관심이 레고에 쏠려 있던 때였다. 아마 아들을 키우는 대한민국의 거의 모든 부모가 공감할 테지만, 남자 아이들은 공룡을 거쳐 레고마저 관심이 시들해질 즈음 스마트폰을 만나고 사춘기를 만나게 된다. 레고는 아직 아들이 귀여움을 간직하던 시절의 마지막 취미인데, 훌쩍 자란 지금 레고를 조립하느라 꼼지락대고 있는 모습을 보니 다시 귀여운 어린 아들로 돌아온 것만 같았다. 사춘기 아들에게 이런 귀여움을 느껴본 게 얼마만이던가?

혼자 놀다가 무료함에 지친 현명이가 다가왔다. 내 침대 이불 속으로 기어들더니 몸을 기대온다. 우리는 손을 맞잡고 손아귀 대결까지 했는데 내가 이겨서 아이가 조립해 놓은 진돗개 레고를 차지하게 됐다. 휴대폰과 인터넷이 없으니 이런 원초적인 놀이를 다 하게 된다. 이런 오붓한 순간이 이렇게 갑자기 올 줄이야.

　아이들은 신체 접촉을 통해 마음을 여는 경향이 있다. 손을 잡거나 등을 쓰다듬으며 이야기하는 것은 아이의 정서뿐 아니라 교육에도 좋다. 가능하면 한 살이라도 어릴 때 스킨십을 많이 해야 한다. 다행히 아이와는 그런 스킨십이 많았고 그 아득했던 스킨십이 열차 안에서 되살아났다. 아이를 품에 안고 창밖의 러시아를 감상하는 모습은 다시 생각해도 행복한 순간이었다. 그러다 창밖 풍경이나 보겠다며 나갔다가도 즐길 것도, 할 것 없던 아들은 결국 아빠에게 돌아왔다. 다시 위 칸 제 침대로 올라갔다가 "아빠, 밖에 소가 지나가"라고 외치기도 했다. 아무것도 아닌 일이 얘깃거리가 되고 뉴스가 되는 곳이 시베리아 횡단열차였다. 문득 위 칸에서 희멀건 손이 하나 내려왔다. "고마 손 한번 잡아주이소"라던 가수 나훈아처럼 손을 잡아달라고 했다. 아들은 내 손을 잡기도 했고 주먹치기도 했다. 심심하다며 놀아 달라는 것이다. 아들이 놀아 달라는 것은 아빠가 필요하다는, 아빠를 부르는 아들의 초인종 소리다. 그때는 아들의 이야기에 귀 기울이고 문을 활짝 열어줘야 한다. 그 순간을 놓치면 안 된다. 휴대폰도 없고, 인터넷도 안 되는 곳에서 아들은 어린아이가 되어 아빠인 내게 돌아왔다. 기분이 참 좋았다.

정차 역에서 만난
그녀의 고향

자신이 키우는 러시아 고양이 사진을 보여주는
러시아 아주머니와 웃으며 쳐다보는 현명이

시베리아 횡단열차를 타고 가는 동안 거치는 역은 63개 정도 된다. 주요 역으로는 하바롭스크, 울란우데, 이르쿠츠크, 노보시비르스크, 예카테린부르크, 카잔 등이 있다. 역에 10분 이상 정차할 때도 있는데, 바로 그때 인터넷이 연결된다. 시베리아 횡단열차에 몸을 맡기고 가는 나와 세상이 연결되는 시간이다. 인터넷이 연결되면서 울리는 카톡 소리는 마치 기차가 정차역에 가까워져 가고 있다는 것을 알리는 알람 같았다. 역에 들어서면서 기차가 속도를 줄일 때 나는 소리는 정차 시간의 길이에 따라 달랐다. 무엇보다 러시아 여자들이 핸드백이나 클러치 백처럼 조그만 가방을 챙기면, 그 역에서는 최소한 15분 이상 머문다는 것을 의미한다. 시베리아 횡단열차 생활 이틀째 그걸 알아채고, 이후부터 나름 편하게 정차역에서 여유를 즐겼는데, 무엇보다 신선한 산소를 많이 마셨다.

나중엔 승객들이 "뚜"하고 나를 부른 후 손가락으로 정차 시간을 알려주거나 자신들의 휴대폰으로 정차 시간표를 보여주기도 했다. 한국에서 준비해 간 가이드북에 나오는 시간표와는 많이 달라 이들의 배려가 큰 도움이 됐다. 물론 승무원실 앞에도 기차 시간표가 붙어있기는 했지만 지렁이를 닮은 러시아어를 알아보기 힘들어 직접 물어보는 게 나았다. 가져간 가이드북에 기재된 역 이름을 어떻게 읽는지 물어보면, 러시아 사람들은 흔쾌히 읽어주며 발음을 가르쳐줬다. 내가 따라 하다 틀리면 맞을 때까지 선생님이 되어주는 그들이었다. 나도 그들의 정성이 고마워, 그 발음을 책에 한글로 적어놓고 기억하려 했다. 인생도처유상수 人生到處有上手. 삶의 도처에 숨어 있는 고수들을 만나 새로운 깨달음을 얻는 다는 이 말처럼, 횡단열차에는 여기저기 비카 같은 선생님들이 많았다.

역에 도착하면 할 일이 많다. 무조건 나가 신선한 공기를 마셔야 하 고 간단한 체조로 좁은 공간에 구겨져 있던 몸을 풀어줘야 한다. 모두들 그렇게 나와서, 맨손 체조를 하고 담배를 피우거나 간단한 먹거리를 사 기도 했다. 우리는 연신 사진을 찍었지만 러시아 사람들에게는 횡단열 차 생활이 일상과 별반 다를 것 없기 때문에 굳이 사진을 찍거나 하지 는 않았다. 우리도 나중에는 사진을 찍기보다 그들처럼 느긋하게 정차 역에서의 여유로움을 즐겼다.

승무원들의 역할은 수없이 많지만 역에 도착하면 특별한 임무가 생 긴다. 열차가 역에서 쉬는 동안 쇠망치 같은 걸로 기차 하단에 있는 부 품들을 두드리고 다녔다. 이상 여부를 확인하는 통상적인 업무인데 순 전히 자신들의 일이라고 했다. 특히 겨울에는 기온이 영하 20도 이하로 내려가서 부품 점검은 단순한 업무라기보다 생존의 문제라는 것이다. '겨울의 러시아는 보는 게 아니라 견디는 것'이라는 말이 생각났다. 제복 을 말끔히 차려입은 승무원들이 쇠망치를 들고 있는 모습이 재미있어 서 웃었는데, 승무원도 화답하듯 웃었다. 감정의 교감은 가벼운 미소만 으로도 충분했다.

황금색으로 빛나는 벨로고스크 역 레닌 동상 앞에서 현명이와 러시아 청년

　몽골이나 중국에서 오는 대륙횡단 열차가 러시아 국경을 넘기 전에 열차 바퀴를 교체하는 경우도 있는데 나라마다 레일 폭이 달라 그렇다고 한다. 보통은 바퀴 교체 작업을 하는데 3시간 정도 걸리는데, 이때는 꼼짝없이 열차 안에서 기다려야 한단다. 승무원들은 굉장히 부지런하고 신속하게 일을 잘 했다. 블라디보스토크에서 이르쿠츠크까지 가는 구간과 이르쿠츠크에서 모스크바 탑승 구간을 달리는 내내 화장실에 화장지가 한 번도 떨어진 적 없이 잘 관리됐으니까. 표정은 무뚝뚝해도 본인

의 역할을 충실히 다 한 그들에게 감사 인사를 전하고 싶을 정도다.

우리가 시베리아 횡단열차를 타고 가다 처음 내려서 뭔가를 산 곳은 건물이 황금색으로 빛나는 벨로고르스크 역이었다. 열차 안에서 만난 모녀는 우리에게 다가와 내 이름을 부르며 같이 사진을 찍자고 했고 우리는 이내 이 사람 저 사람과 함께 사진을 찍는, 자칭 '벨로고르스크 역 공식 모델'이 됐다. 이들에게는 우리가 한국에서 온 것도 신기하지만 아빠와 아들이 함께 다닌다는 것 자체가 꽤나 생소했던 모양이다. 나중에 들은 얘기지만 러시아 사람들은 부자가 같이 여행하는 경우가 거의 없다고 했다. 하긴, 무뚝뚝하기로 소문난 러시아 남자 둘이 여행을 다니는 그림은 상상하기 어렵다. 여행을 떠난다 한들, 며칠 동안을 말없이 지내는 여행은 고문에 가까울 테니까.

정차역마다 다르지만 대개 오전, 오후에 한 번씩은 30분 정도 정차한다. 쉼 없이 달려온 기관차도 쉬고 기관사도 쉬며, 정화조도 비우고 물도 보충하는 시간이다. 어떤 때는 식당 칸 전체를 교체하기도 한다. 시베리아 횡단열차가 달리는 동안 가장 긴 정차 시간은 30분이다. 우리도 하바롭스크 역에서 처음으로 30분 동안 역 밖을 구경했다. 그곳에는 우리가 상상했던 것과 똑같은 모습으로 장이 열리고 있었다. 베리를 비롯해 바이칼 호수 특산물인 오물과 닮은 생선 훈제구이와 러시아식 만두 펠미니 등을 팔고 있었다. 아들은 이리저리 돌아다니다가 베리를 한 컵 사왔는데 맛도 빛깔도 뛰어났다. 마치 원색의 그림물감을 풀어 놓은 예쁜 막대사탕 같은 빛깔이었다. 캘리포니아만큼 풍부한 일조량이 베리의 당도를 높이고 원색의 아름다움을 선물했을 것이다. 값싼 털목도리를 파는 사람이 다가오기도 했는데 제복 차림을 한 사람이 나가라는 눈짓을 하면 그들 역시 조용히 사라졌다. 하지만 강압적으로 단속하지는 않았고, 생계를 위해 물건을 팔러 나온 사람들의 입장을 알아주는 듯한 모습이 인간적으로 보였다.

자그마한 역에는 손바닥만 한 매점들이 줄지어 있기도 한데, 거기서

에로페이 파블로비치 역에 내린 승무원과 비카

는 주로 아이스크림과 콜라, 현지인들이 즐겨먹는 펠미니와 사과 따위를 팔았다. 우리도 가끔 아이스크림을 사 먹었다. 한국에서는 아이스크림을 잘 먹지 않았는데 러시아에서는 꽤 맛있었다. 입맛도 바꿔놓는 러시아라니.

새벽 6시 20분. 어떤 역에 도착했다. 비카가 같이 나가자고 해서 커피를 들고 내렸다. 역 이름을 묻자 비카가 또다시 초등학교 선생님답게 입을 크게 벌리고 '예로페이 파블로비치'라고 또박또박 말해 주었다. 이번에는 겨우 다섯 번 따라 한 끝에 잘 했다고 칭찬을 받았다. 이 역은 17세기 시베리아 지역의 개척자 '예로페이 파블로비치 하바로프Yerofey Pavlovich Khabarov'의 이름에서 따왔고 하바롭스크도 마찬가지로 그의 이름에서 유래했다고 한다. 이곳은 비카가 어릴 때 살던 곳으로 할머니 댁이 있었다고 했다. 철교를 건너면 바로인데 입구를 막아놓아 나가지 못했다. '할머니'라는 단어를 꺼내는 비카의 눈시울이 붉어지는 것 같아 서둘러

다른 곳으로 눈길을 피해줬다.

　무려 20분이나 정차하는 역치고는 간단한 먹거리를 파는 상인도, 시끌벅적한 간이 시장도 없었고 그저 쇠줄이 묶여 있는 녹슨 철문만이 예로페이 파블로비치가 기차역임을 말해 줄 뿐이었다. 쇠락한 역의 모습이 돌아가신 비카의 할머니 모습과 겹쳐져 가슴이 먹먹했다.

　할머니가 살던 동네 역에 들렀다 와서인지 비카가 갑자기 본인의 휴대폰을 꺼내 사진을 보여주기 시작했다. 자신이 담임하는 초등학교 1학년 교실과 학생들 사진이었다. 아이들이 공부하는 동영상도 보여줬는데 그 조잘거리는 모습은 한국 아이들과 별반 다를 것 없이 귀여운 모습이었다. 본인과 내가 나이가 같은 걸 알아서였는지 아니면 할머니 집이 있는 곳을 보고 온 감성 때문인지 그 후로도 비카는 내게 참 많은 얘기를 들려줬고 나는 조용히 들어주었다. 이렇게 비카와 또 다른 추억을 쌓고 있었다.

횡단열차 타고 만나는
러시아 관광 명소

모스크바, 상트페테르부르크, 블라디보스토크 등은 시베리아 횡단열
차의 대표적인 정차역이다. 반면 유명하지는 않지만 볼만한 역들도 많
은데, 해외의 한 인터넷 언론은 '잘 알려지지 않았지만 꼭 가볼 시베리아
횡단열차 여행지 7곳'으로 블라디미르, 페름, 옴스크, 이르쿠츠크, 바이
칼스크, 부카 페차나야, 비로비잔을 꼽았다.

모스크바 인근에 있는 작은 마을 블라디미르는 러시아에서 가장 역사가 깊은 도시 중 하나로 유네스코 세계문화유산으로 지정된 곳이기도 하다. '시베리아 횡단열차를 타고 가볼 만한 곳 1위'에 이름이 올랐다.

옴스크는 시베리아 횡단열차가 다니는 덕분에 교역과 산업이 발달했는데, 매년 농업박람회가 열려 '시베리아의 시카고'로 불리던 지역이다. 오래 전에는 유형지로도 유명했는데 도스토옙스키가 이곳에서 4년간 유배되었다고 한다.

이르쿠츠크에서 가까운 바이칼스크는 바이칼 호수를 구경하기 좋은 곳이다. '바이칼의 리베라'로 불리는 부카 페차나야는 바이칼 호수에서 수영을 하고 싶을 때 찾는다.

극동 지역에 있는 비로비잔은 유대인 자치주이다. 1928년부터 러시아 유대인들이 이곳에 정착해왔으며, 러시아어와 함께 이디시어가 공용어로 사용된다.

러시아 서부에 위치한 페름은 유럽 쪽 우랄 산맥에 위치한다. 횡단열차가 페름 역에 도착했을 때 내 룸메이트 비카는 자신의 이름을 가르쳐줄 때처럼 러시아어로 페름Пермь이라는 글자를 써놓고 10번을 따라 읽게 했는데, 페름에 아라비아 숫자 6처럼 생긴 러시아 글씨Ɓ를 합하면 '페르미야'로 발음이 변한다고 한다.

페름은 지질시대인 석탄기와 트라이아스기 사이에 있는 페름기의 명칭이 되기도 했다. 언제 배웠는지 기억조차 까마득한 이름이 비카 덕분에 기억 저편에서 불려 나왔다. 페름기라는 용어는 1841년 R. 머치슨이 이 지역에서 해당 지층을 처음 확인하면서 붙여진 이름이다. 페름은 러시아 현대 미술관의 본거지이자 다큐멘터리 영화 축제가 열리는 곳이기도 한데, 소설 『닥터 지바고』에 영감을 준 그리부시나 저택^{Дом Грибушина}이 있고 볼쇼이, 바가노바와 함께 러시아 3대 발레학교로 꼽히는 유명한 페름 국립발레학교도 있다.

비로비잔

블라디미르

페름에서 만날 수 있는 아름다운 러시아 정교회 건축물들

러시아 의사는
각설탕을 6개 먹는다

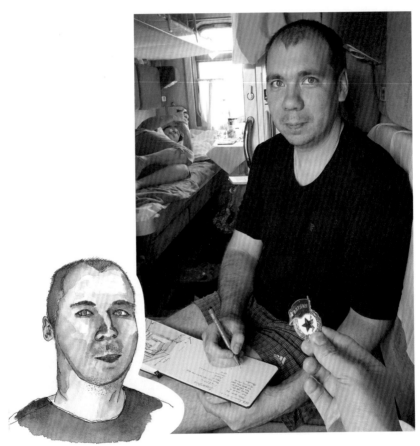

러시아 군의관 세르게이와 그가 선물해 준 배지

웃지 않는다고 해서 화가 난 것은 아니며 '러시아 남자도 잘 웃는다'는 사실을 알려준 알렉산더 세르게이 뷔쳐는 군의관이다. 하바롭스크 역에서 기차에 오른 세르게이는 짧은 스포츠형 머리를 하고 군복을 담은 커다란 슈트케이스와 엄청난 크기의 더플백을 들고 당당하게 객실 안으로 들어왔다.

러시아와 러시아 남성은 마초 이미지가 강한데, 맹수인 불곰 10만 마리가 산다는 러시아의 별칭 '불곰국'도 이런 거친 이미지를 보여주는 말이다. 세르게이는 의사답게 의학용어를 동원해 가며 왜 러시아 남자들이 '마초'처럼 보이는지 설명해 줬다. 그는 최근 신문에 나온 기사 얘기를 했다.

남성호르몬인 테스토스테론은 '남성성'의 추상적인 개념을 상징하는데, 러시아에서 누가 자신을 '진정한 남자'로 생각하고 있는지를 밝힌 연구결과가 나왔다. 시베리아 지역 남성들은 우랄 지역이나 극동 지역에 사는 남성보다 2배 높은 테스토스테론 수치를 보였단다. 그러나 대도시인 모스크바와 상트페테르부르크 사람들의 테스토스테론 수치는 동일한 연구를 진행한 스칸디나비아 거주자들, 특히 덴마크와 핀란드 남성들과 비슷한 낮은 수치가 나왔다는 얘기였다. 세르게이는 결국 시베리아 남성들이 가장 남자답다고 말하며 크게 웃었다. 그의 이야기를 들으면서 러시아 남성들은 남자답게 보이지 않을까봐 잘 웃지 않는 것이 아닐까 하는 생각이 들었다. 그러나 정작 시베리아 출신인 세르게이는 이야기도 잘 하고 잘 웃는 호탕한 남자였다.

그는 내가 책상에 올려놓은 푸시킨 시집을 보며 깜짝 놀랐다. 푸시킨은 자신의 선조라며 러시아 사람 누구나 푸시킨을 존경하고 좋아한다고 했다. "좋은 책을 읽는 것은 과거의 가장 뛰어난 사람과 대화하는 것"이라며, 그러니 푸시킨의 시집을 많이 읽으면 좋다고 말해 둘이서 한참을 웃었다. 비카도 그랬지만 세르게이도 자신의 이름을 몇 번씩이나 따라 발음하게 하는 것을 보고 러시아인들은 이름에 강한 자부심을 갖고 있다고 느꼈다. 그런데 나는 그동안 내 성씨가 마음에 안 든다고 말해왔던 걸 생각하니 부끄러웠다. 이들은 자식 이름에 아버지의 이름까지 넣는데 말이다.

러시아 사람들은 자기 민족에 대한 긍지가 강해, 자신들의 역사와 예술가들에 대한 이해도가 높다고 한다. 자기의 선조라면 말할 필요가 없을 만큼 잘 알고 있었다. 그래서 러시아 사람들은 푸시킨, 톨스토이, 도스토옙스키 등 유명 작가들의 생가나 작품을 썼던 방 등을 소중한 문화유산으로 지켜오고 있다. 대가들은 가고 없지만, 지금도 그들의 삶 속에 러시아 예술가들이 살아 숨 쉬고 있는 것이다.

러시아 사람들이 단맛을 좋아한다는 얘기는 들었지만, 사람들의 건강을 돌보는 의사도 그럴 줄은 몰랐다. 치타 역까지 간다는 러시아 상남자 세르게이는 집에 가면 아내가 맛있는 음식을 잔뜩 해놓고 기다리고 있을 거라며 각설탕 6개를 넣은 차와 함께 죽 같은 걸 준비해 먹곤 했다. '카샤'

라고 부르는 죽은 빵과 함께 먹는 음식인데, 물이나 우유에 수수를 끓인 것이다. 결혼식이나 세례식 때 빼놓지 않는 필수 음식이라고 한다. 과거 러시아 사람들은 적과 화해를 할 때도 죽을 끓였는데, 특히 전쟁을 종결 짓는 강화조약 체결 시 당사자가 모두 식탁에 둘러 앉아 친선관계를 맺고 전쟁을 하지 않겠다는 뜻으로 죽을 먹었다고 한다.

세르게이가 차에 각설탕을 6개씩이나 넣어 먹길래 "그래도 괜찮냐"고 물었더니, "당연하다"는 대답이 돌아왔다. 그러면서 "당신은 설탕 안 먹어?"하고 묻는다. "날씬해지려고 안 먹는다"고 하자 내 배를 스윽 만져보더니 "아직 괜찮은데?" 하며 껄껄 웃는다. 각설탕을 6개나 넣어 먹는 세르게이가 심장 전문의라고 해서 우스웠지만, 그래도 괜찮다. 여기는 러시아니까.

차※는 약 250년 전에 아시아에서 러시아로 전해졌다고 한다. 러시아는 차 마실 때 다소 특이한 관습이 있는데, 바로 각설탕이나 사탕 등을 먼저 입 안에 넣고 차를 마시는 것이다. 설탕 값이 매우 비싸서 생겨난 관습이라고 한다. '빠스띨라'라고 하는 러시아 전통과자가 있는데 엄청 달다. 마트에서 쉽게 살 수 있다고 하는데 러시아 사람들은 단 것을 아주 좋아한다며 세르게이가 말해줬다. 그래서 여행 가방 안에 항상 각설탕을 갖고 다녔구나 싶었다. 세르게이가 설탕을 많이 먹는 이상한 의사가 아니라 그저 제 나라 전통을 충실히 따르는 사람이었던 것이다.

세르게이와 비카 나 이렇게 셋이 어울려 여러 가지 이야기를 했다. 세

르게이가 군의관이기 때문에 자연스럽게 군대 이야기도 한 것이다. 러시아 남자들은 군대를 1년만 복무하면 된다고 했다. 나는 3년 가까이 복무했다고 하자 세르게이는 어떻게 힘든 군 생활을 그렇게 오래했냐며 대단하단다. 러시아 군은 육군, 해군, 공군, 방공 부대와 전략미사일 부대로 이루어지며 대통령의 지휘 아래 있다. 전체 군인의 절반 정도가 징집병으로 복무 기간은 육군 18개월, 해군 24개월이라고 한다. 대상은 18세 이상의 남성이지만 워낙 힘들어서 복무 회피가 만연해 있다고 한다. 세르게이는 그런 현실이 안타깝다고 했다. 소련 붕괴 이후 군사력은 점점 쇠퇴하는 추세이지만 러시아군은 여전히 세계에서 가장 큰 군대이며 핵무기도 다량 보유하고 있다. 세르게이는 군의관이라 러시아의 여러 지역을 다니는데, 극동 지역은 날씨가 '춥거'나 '아주 추운' 두 계절 밖에 없다고 말해 모두 웃음을 터트렸다. 그래서 극동 지역으로 발령이 나면 서로에게 좋은 방한복을 선물하기도 한다고 했다. 하긴, 영하 40도는 쉽게 상상하기 어려운 기온이다. 극동에서 근무하는 군인들의 고생을 얘기하며, 결국 군인들은 다 힘들다는 결론을 냈고 이에 공감하는 세르게이와 나는 같이 웃었다.

의사에 대한 대우는 지역과 병원마다 달라서 환경과 급여가 천차만별이라고 했다. 세르게이보다 몇 살 어린 친구 역시 의사인데 월급이 20만 루블(약 350만 원)에 집도 제공받는다고 한다. 모스크바와 상트페테르부르크에서도 마찬가지인데, 산부인과 의사인 또 다른 친구는 월급으로 5만 루블(약 90만 원) 정도를 받는다고 한다. 세르게이의 이야기를 가만히 듣고 있던 비카는 부러운 눈치가 역력했다. 초등학교 1학년 아이들을 가르치면서 의사에 비해 월급을 적게 받는 것에 대한 상대적 박탈감 같은 것을 느끼나 보다 했는데 그게 아니었다. 교사라는 직업이 사회적으로 존경받지 못하는 것에 대한 아쉬움을 말하는 것이었다.

세르게이는 치타라는 곳에 다차Dacha가 있다고 했다. 러시아 가정의 70%가 다차를 가지고 있다는 말이 있을 정도로 다차는 러시아 사람들에게 매우 익숙한 단어다. 흔히 '별장'이라고 번역하는데, 휴양만 하고 오는 우리나라 별장과는 쓰임새가 다르다. 소박한 통나무집에 텃밭이

딸린 주말 농장으로, 이곳에서 가족들과 농사를 짓고 휴식도 취한다. 야채, 과일 등을 재배하고 휴가가 끝나면 수확해오는 식으로, 주로 여름과 가을을 보내는 전원주택인 셈이다.

다차 문화는 19세기 러시아 제국 시대부터 내려온 전통으로, 1970년대 말 러시아 정부가 다차를 갖고 싶어 하는 사람들에게 600m²씩 땅을 무상으로 분배하면서 러시아인의 일상 깊숙이 자리 잡았다. 규모가 큰 다차는 우리나라 대저택 이상이지만, 대부분 일반 국민의 다차는 오두막과 같은 검소한 집이라고 한다.

부채에 그림을 그려 세르게이에게 줬다. 그림은 그들과 소통하는 수단이기도 하지만 시간을 보내기에도 그만이다. 그림을 그리는 내 모습이 신기했던지 세르게이가 여러 방향에서 사진을 찍어댔다. 나는 유명 화가 못지않은 진지한 자세로 그림을 그렸다. 완성된 부채를 주자 감동한 모양이었다. 자신의 어린 딸에게 주면 무척 좋아할 거라며 기뻐했다. 몇 번씩이나 부채 펴는 방법을 알려달라더니, 부채를 들고 함께 기념사진도 찍었다. 갑자기 일어나 군복을 넣어둔 슈트케이스를 열더니 뭔가를 꺼냈다. 내 그림에 대한 답례로 배지를 주려는 것이었다. 빨간 색 바탕에 금색으로 러시아 글씨가 쓰여 있는 꽤 묵직한 배지였는데, 스탈린이 도안한 것이란다. '과르디야Gvardia'라고 쓰여 있는데, 경비guard를 뜻하는 말이었다. 연간 군 간부 평가에서 우수한 평가를 받은 간부들에게만 주는 배지란다. 그림으로 러시아 사람과 소통하고 뭔가를 나누며 서

자신의 딸에게 보여주겠다며 부채에 그림 그리는 장면을 찍은 세르게이

로에게 고마워한다는 것은 은근한 감동을 주었다. 아이도 알렉산더가 선물한 배지를 요리조리 살펴보며 "멋있다, 아빠!"를 연발했다.

아쉽지만 세르게이가 내릴 치타 역이 가까워오고 있었다. 제법 길었던 2박 3일을 이 좁은 공간에서 함께 했던 우리의 인연도 대단했다. 나는 그를 위해 〈타임 투 세이 굿바이Time to Say Goodbye〉를 유튜브에서 찾아 들려줬다. 그것이 내 스타일의 특별한 인연에 대한 굿바이 세러머니였다. 그는 감동했고 우리는 아쉬움의 악수를 나눴다. 그가 말한 대로 스위트홈에서 '며칠 간 허기졌던 몸'을 회복하길 바라고 여전히 성실한 군의관으로 잘 근무하기를 바란다. 페이스북은 안하지만 멀리서 페이스북으로 나를 지켜보겠다던 세르게이는 "또 만나자"는 지키지 못할 인사를 끝으로 비 내리는 치타 역을 떠났다.

츤데레,
그들의 매력입니다

비카나 세르게이도 그랬지만 누구를 만나더라도 웃으며 이야기하는 그들을 보며, 러시아 사람들은 무뚝뚝하다는 고정관념이 사라졌다. 요즘 아이들이 쓰는 말로 표현하자면 '츤데레'의 매력이 있다고나 할까. 표정은 무심한데 챙길 건 다 챙겨준다. 내가 뭔가를 필요로 하거나 어쩔 줄 모르는 듯하다 싶으면 다 보고 있다가 말없이 도와준다. 미국 영화배우 레오나르도 디카프리오가 토크쇼에 나와 러시아 사람들에 대해 얘기한 적이 있다. 디카프리오가 탄 비행기 엔진에 불이 나 불시착하면서 타이어가 다 터지는 큰 사고가 있었는데, 러시아 승객 중 소리를 지르거나 놀라는 사람이 아무도 없더란다. 놀란 디카프리오가 무슨 일이냐고 묻자 승무원은 "작은 문제가 생겼을 뿐"이라 했고 옆자리에 앉은 러시아 남자는 "무슨 일이 있는 거야?"라며 태연해했다고 한다. 러시아 사람들의 스케일과 무심한 듯 느긋한 모습을 잘 보여주는 일화다.

러시아의 수많은 관광지와 예술성보다 더 인상 깊었던 것은 그들이 베푸는 친절이었고, 그것이 러시아의 진짜 매력이라고 생각한다. 러시아 사람들은 처음 외모만 봤을 땐 도도하고 차가운 인상을 풍기지만 사실은 동양 문화도 많이 수용했기 때문에 정서적으로는 우리나라 사람들과 비슷한 면도 많았다. 러시아에는 유럽과 아시아의 문화가 공존하고 있다는 것은 그들과의 생활이 길어질수록 더 많이 느꼈다. 특히 블라디보스토크나 하바롭스크 쪽은 우리나라 정서와 거의 비슷하다고 한다. 다만, 문화생활과 여가생활을 즐기는 분위기가 다를 뿐이었다.

문화의 나라 국민답게 러시아 사람들은 연극, 영화, 오페라, 발레 등 문화생활을 즐기는 편이다. 현실적으로 힘들고 배고프게 살아도 문화생활은 해야 한다는 생각인데 역 주변에서 꽃을 파는 여자들이 많고 가격이 상당한데도 많이들 사는 데서 그런 여유를 느낄 수 있었다. 러시아 사람들은 꽃을 좋아해서 데이트를 하거나 특별한 날에만 꽃을 선물하는 것이 아니라, 생활 속에서 꽃의 아름다움을 향유하길 좋아하는 것이란다. 꽃 한 송이를 통해 삶의 여유를 음미하는 문화적 소양이 아닐까 싶다.

객실 룸메이트들은 우리가 식사를 할 때면 슬그머니 자리를 비켜준다. 음식 냄새 때문이기도 하겠지만 나와 아이 둘이 편하게 식사하라는 은근한 배려이기도 했다. 우리가 식사를 하는 사이 그들은 복도에 서서 창밖을 바라보며 우리가 식사를 마칠 때까지 기다렸다. 하지만 친해지면 테이블에 먹을 것을 펼쳐놓고 같이 나눠먹으며 웃고 즐겼다.

러시아 사람들은 가족이나 친척을 만나러 횡단 열차를 타는 경우가

많다. 내가 "친척을 보기 위해 이렇게 힘든 여행을 하다니 정말 대단해"
라고 말하면, 이런 기차 여행은 일상적인 것이라 오히려 그렇게 생각하
는 내가 신기하단다.

광활한 국토를 가진 러시아에서 제일 많이 이용하는 이동 수단이 비
행기, 기차, 자동차 순인데, 자동차를 가진 모든 사람이 교통세를 내야 한
단다. 정부는 자동차 실제 사용 여부와 상관없이 세금을 부과하기 때문
에 자동차 소유가 힘들다고 했다. 그런데 최근 대통령령으로 자동차를
운전하는 이에게만 세금을 부과하고 세금은 연료 가격에 포함한다고 발
표했다. 만약 어떤 사람이 몇 대의 차를 보유하고 있고 이 가운데 일부는
이용하지 않는다면, 이에 대한 별도의 세금은 발생하지 않는다.

러시아는 땅덩어리가 넓어 자동차보다도 기차가 더 대중적인 교통수단이다.

워낙 땅덩어리가 넓은 나라라 자동차로 이동하는 건 거의 불가능하다. 자동차 횡단여행은 내비게이션 없이도 갈 수 있는 단순한 일직선 도로이긴 하지만 도로 사정이 좋지 않아 힘들다고 한다. 그렇다고 비행기를 타고 다니자니 저가 항공기가 있는 것도 아니기 때문에 결국 기차가 가장 중요한 운송 수단이 될 수밖에 없었을 것이다. 덕분에 우리도 횡단열차에서 많은 사람을 만날 수 있었다. 좋은 사람과 함께 하는 시간은 영원할 것처럼 느리게, 느리게 흘러갔다.

CHAPTER 4

기차는 대륙을 건너고

상상만으로도 자유로움이 느껴지는 이름이 있다.
몽골의 대평원, 사마르칸트의 실크로드, 이르쿠츠크의 바이칼 호수처럼.
한 점의 모래가 되어 바람을 타고 둥둥 떠다니는 상상이 가능한 곳들이다.
우리는 이제 그중 하나인 바이칼 호수로 간다.

바이칼 호수에
손을 담그다

상상만으로도 자유로움이 느껴지는 이름이 있다. 몽골의 대평원, 사마르칸트의 실크로드, 이르쿠츠크의 바이칼 호수처럼. 한 점의 모래가 되어 바람을 타고 둥둥 떠다니는 상상이 가능한 곳들이다. 우리는 이제 그중 하나인 바이칼 호수로 간다.

시베리아와 바이칼 호수는 세계적으로 많이 알려져 있고 버킷리스트로 꼽히는 곳이지만 아직도 가본 사람이 많지 않은, 아주 특별한 여행지다. 바다를 본 사람들은 강이 물로 보이지 않는다는데, 과연 바다 같은 호수 바이칼을 보면서 아들은 무슨 생각을 하게 될까?

비는 그쳤지만 아무래도 오늘 밤에 바이칼에서 별을 보기는 어려울 것 같다고 현명이가 말했다. 아이도 은근 기대가 되는 모양이다. 평온한 주말 아침이다. 하지만 여기서 날짜나 요일은 큰 의미가 없다. 왜냐면 여기는 시베리아 횡단열차 안이니까.

드디어 차창 밖으로 기다리고 기다리던 바이칼 호수가 보이기 시작했다. 얼마나 놀랍던지 감탄사가 뇌를 거치지 않고 바로 입에서 튀어나오는 줄 알았다. 우리 부자는 물론이거니와 비카도 신기해하며 쳐다보다가 동영상을 찍는다. 바이칼의 첫인상은 장엄하고 으스스하기까지 했다. 네스 호에 산다는 전설의 괴물이 고개를 내밀 것 같은 잿빛 파도가 철썩이며 밀려든다. 아직 기차에서 내리지도 않았지만 입이 다물어지지 않는다. 그저 감탄의 연속일 뿐. "아빠! 진짜 크다!" 아들의 입에서도 탄성이 흘러나왔다.

비가 오다 그친 바이칼 호수는 영화의 한 장면처럼 몽환적이었다. 내가 마주한 바이칼은 상상 이상의 광경이다. 눈으로 직접 보는 바이칼 호

수는 정말 아름답다는 말 밖에는 더 할 말
이 없다.

마침내 일정대로 이르쿠츠크 역에 내
려 바이칼 호수를 찾아가는 여정에 나섰
다. 모스크바까지 횡단하는 열차 여행 중
첫 번째 목적지이다. 블라디보스토크에서
시베리아 횡단열차에 오른 지 4일 만이었다. 이르쿠츠크에서 마이크로
버스를 타고 호수 인근 리스트비앙카 마을로 이동해 산악도로 너머 숙
소에 짐을 풀었다. 서둘러 바이칼 호수 쪽으로 나갔다. 포장되지 않은
시골길은 한적했다. 아이는 숨을 깊이 들이 마시며 "아, 좋다. 여기 있
으면 건강해질 것 같아, 아빠"라고 한다. 자작나무 숲 사이로 바람이 불
고 새가 지저귄다. 우리는 마음이 급해져 뛰다시피 호수로 내려갔다. 마
치 바다의 밀물처럼 파도가 밀려오는 모습과 아득한 수평선을 보고 있
노라니 여기가 호수인가 바다인가 싶었다. 손을 담가봤다. 엄청 차갑다.
맛도 봤다. 진짜 아무 맛도 없는 민물이다. 아들도 손을 담가보더니 너
무 시렵다며 손사래를 쳤다.

기차에서 이른 점심을 먹은 후 지금까지 먹은 게 없었다. 인간의 본
능이 배고프면 짜증이 나거나 음식을 찾거나 하는 게 당연할 텐데, 우
리는 가만히 호수만 보고 있었다. 아이 입에서 노래가 흘러나왔다. 내가

"이보다 좋을 순 없어, 그렇지?" 하고 묻자, 아들은 1초도 주저하지 않고 "맞아, 완벽해. 다 좋아"라고 답한다. 이내 "스마트폰 망가진 것만 빼고"라고 꼬리가 따라붙었지만. 나는 오히려 그 덕분에 아들이 자연을 더 가까이 느낄 수 있었다고 생각한다.

우린 쉴 새 없이 명랑했다. 괜히 장난을 걸고 이유 없이도 웃으며 달렸다. 바이칼의 정령이 우리에게 전해 준 힘이었다. 먹지 않아도 좋았다. 호수의 장관이 밥이었다. 노래를 부르고 재잘거리는 아들의 모습을 보니 행복했다. "나중에 커서도 아빠하고 다니고 싶으면 다니자. 여행 경비는 아빠가 내줄게"라는 말에 주저 없이 "좋아!"라고 답하는 녀석. 고등학교 진학을 앞두고 있으니, 한동안은 이렇게 오붓하게 여행 다니기 쉽지 않겠구나 싶어 새삼 아쉬운 마음이 든다.

흔들리는 기차 안에서는 침대째 하늘을 떠다니는 느낌이었는데, 이곳에서는 물안개를 침대삼아 떠다니는 기분이다. 기차의 흔들림 속에서도 책을 보고 그림을 그리는 등 시간이 갈수록 적응이 돼서 뭐든지 할 수 있을 것 같았는데 호숫가에서 책이나 스케치북을 펼쳐도 한없이 좋을 것 같다. 차창 밖 대평원의 장대함과 러시아 사람들의 소박한 모습, 아이들의 웃음소리, 그리고 은근한 마음의 교감이 횡단열차가 주는 선물 같았는데, 바이칼 호수의 장엄함과 고요한 아름다움도 기차가 내려놓고 간 또 다른 선물 같았다.

둘만 있는 이곳이 마치 우리 집인 양 느릿느릿 움직였다. 대자연의 장관을 보고 마음의 안정과 평안을 느끼고 왔으니 배고픔 정도는 아무것도 아닌 듯했다. 때늦은 식사를 해결한 뒤 숙소로 돌아가 침대 속으로 들어갔다. 마치 자기 집 안방에서 뒹굴거리듯 한없이 게으르고 편안한 기분이다. 옆에서 포근히 자는 아들이 있어 좋다. 아이가 잠꼬대를 하는데 무려 러시아 말이 튀어나온다. 깜짝 놀라 잠이 덜 깬 상태에서도 아들을 쳐다보며 키득거렸다. 이렇게 아들과 한 침대에서 자는 날이 언제 또 올까? 어쩌면 마지막일지도 모른다는 생각이 들어 아들의 어깨며 머리를 조심스레 쓰다듬었다.

손발을 적시며 ─────
젊음을 되찾는 곳

세계에서 가장 깊은 호수, 바이칼

바이칼이라는 명칭은 자연을 뜻하는 몽골어 '바이갈Baigal, 러시아어로는 Байгал'에서 유래했다. 러시아 캄차카 화산과 함께 유네스코가 선정한 세계자연유산이며, 원주민 언어인 타타르어 '풍요로운 호수'라는 뜻이다. 세계에서 가장 깊은 호수로 수심이 가장 깊은 곳은 1,630m나 되며, 전 세계의 얼지 않는 담수량의 20%를 차지한다. 미국 5대호의 물을 합친 양보다 많고 러시아 전체 담수량의 90%나 된다고 한다. 수심이 깊을 뿐

아니라 물이 맑아서 물밑 가시거리가 최대 40.5m이다. 호수 안에는 22개의 섬이 있는데, 가장 큰 것은 길이 72km인 알혼 섬이다. 바이칼 호수는 '손을 적시면 5년, 발을 담그면 10년 젊어진다'는 속설이 전해온다.

놀랍게도 이광수의 소설 『유정』에도 바이칼 호수가 등장한다. 이광수가 1914년에 바이칼 호수 인근 치타에 6개월간 머문 적이 있는데, 그때의 경험이 반영된 것이라고 한다. 호숫가와 그 옆의 집들을 보면 반사적으로 헨리 데이비드 소로의 『월든』이 떠오른다. 대표적인 자연주의 철학자 소로도 정작 월든 호숫가에서 생활한 시간은 2년 2개월에 불과한데, 여행자인 우리도 바이칼에서 보낸 시간이 결코 짧게 느껴지지는 않았다. 무한의 자연 앞에서는 시간의 한계도 뛰어넘는 것일까? 그 옛날 소로가 깨달았던 무언가를 우리도 느낄 수 있을까?

호수의 아침,
내게 준 사랑을 기억할게

일찍 일어나 혼자 바이칼 호숫가로 내려가 저 멀리 수평선을 보다가 앙드레 가뇽의 〈바다 위의 피아노〉를 떠올렸지만 오히려 내 느낌에 조미료가 쳐지는 느낌이 들어 휴대폰 속 음악 파일을 찾다가 말았다. 가만히 이 거대한 호수의 물안개와 어슴푸레한 저편의 수평선, 바람소리와 공기 냄새를 느껴보았다. 아무리 생각해도 이곳은 호수라기보다 파도가 밀려드는 바다라고 하는 것이 더 어울릴 것 같았다. 혼자 조용히 앉아 있다가 노래를 흥얼거리기도, 눈을 감기도 했다. 아침 바람이 호수의 정령처럼 불어와 잠시 아득해지는 느낌이었다. 호수에 사는 그 어떤 존재를 만나는 건 아닌가 싶은 기분마저 들었다. 바이칼의 돌, 풀과 함께 나는 풍경 속 정물이 되어가고 있었다. 내가 네가 되고 네가 내가 되는 물아일체物我一體가 바로 그 순간이었을지도 모르겠다. 그렇게 두 시간가량을 온전히 바이칼을 즐기고 돌아왔다. 휴대폰도 망가져 나와 연락이 닿지 않는 상태로 혼자 숙소에서 자고 있을 아들이 걱정돼 방금 전까지 느끼던 한가함은 온데간데없이 빠른 걸음으로 걷다가 결국 뛰어갔다. 가슴이 뛰고 숨이 막혔지만 더 달렸다. 나는 아빠니까.

　그렇게 제 걱정을 하며 한달음에 왔건만 아들은 뭐가 맘에 안 드는지 바람막이 점퍼가 없다며 짜증을 내고 있었다. 캐리어를 뒤져보라고 했더니 귀찮다며 찾을 생각도 안 했다. 그 태도가 거슬렸다. 햇반을 먹겠다던 녀석이 숙소 주인에게 전자레인지가 있는지 물어보라고 해도 "없겠지"라며 그냥 먹겠단다. 아들의 투정을 참다가 결국 나도 폭발했고 아들은 밥을 먹지 않았다. 나만 컵라면과 커피로 아침을 대신하고 짐을 쌌다.

　마지막으로 바이칼 호수를 한 번 더 보기로 하고 길을 나섰다. 우리는 말없이 산책을 했다. 사진도 안 찍겠다던 녀석이 저만치에 앉아 호수를 바라보다 슬며시 내 곁에 와 앉았다. 미안한 마음과 화해를 청하는 제스처였다. 어느 광고 카피처럼 '말하지 않아도 아는' 이심전심의 순간이었다. 호수는 평온한 모습이었고 말없이 앉아 있던 두 남자의 마음도 차분해졌다. 물수제비를 누가 많이 뜨는지 내기도 하면서 마음이 다 풀렸다.

수평선을 보던 아들이 갑자기 "아빠, 지구가 둥글다는 증거 7개만 들어봐"라고 말을 걸어온다. 간신히 3가지 이유를 떠올렸다. 아들은 나머지 4개를 자기만 아는 엄청난 지식인양 설명했는데, 그런 모습이 귀여웠다. 세상에서 제일 큰 호수 앞에서 두 시간을 그렇게 아들과 즐겼다. 나중에 아이는 "진짜 휴식 같은 시간"이었다고 말했다. 자전거를 빌려 마을 끝까지 돌아보고 그곳 사람들처럼 어슬렁거리며 시간을 보내고 싶었는데, 아이에게는 너무 무료한 여행이 될 것 같아 생각을 접었다.

바이칼에 손이나 발을 씻으면 몇 년은 젊어진다는데 나는 손발을 몇 번이나 씻었으니 도대체 몇 살이나 젊어진 걸까? 아들은 바이칼에 동전을 던지며 소원을 빌자고 했다. 같이 동전을 던졌는데, 아들이 무슨 소원을 빌었는지 궁금했지만 묻지는 않았다. 다만 나는 우리 현명이에게 좋은 기운만 깃들기를 바이칼 신께 빌었다.

아들에게 줄 러시아식 꼬치구이 샤슬릭을 사들고 이르쿠츠크로 돌아가는 버스를 타기 위해 종종걸음으로 달려왔다. 그런데 이번에도 아들은 아빠의 정성에 감동하기는커녕 멀미 난다며 거들떠도 안 봤다. 특별한 포즈를 취해달라는 것도 아니었는데 사진 찍는 것조차 짜증을 낸다. 울컥 화가 치밀었지만 '이 아이는 아직 내가 지켜 줘야할 어린 아이일 뿐'이라고 거듭 마음을 다스렸다. 참고 화를 내지 않는 것만으로는 부족하다. 참는 것에서 한 발짝 더 나아가 감싸줘야 한다. 아이가 반항하거나 나쁜 짓을 하는 데는 다 이유가 있기 때문이다. 부모의 사랑을 확인하고 싶은 것이다. 그런 아이에게 부모가 할 일은 보듬고 기다려주는 것이리라. 문득 아들이 그동안 내게 많은 사랑을 주었다는 생각이 미치자 신기하게도 참아졌다.

아이가 어릴 때 부모에게 헤아릴 수 없이 많은 웃음과 행복을 줬다는 사실을 기억한다면, 대부분의 부모들이 사춘기를 겪는 아이들의 방황쯤은 너그럽게 받아들일 수도 있을 것 같다. 사랑에도 총량이 있다면 사춘기 아이들과 갈등을 겪는 이 시기는 잠깐 마이너스를 기록할지 모르지만, 아이가 어릴 때 쌓아둔 사랑으로 흑자를 유지할 수 있을 것이다. 사람 관계의 문제는 대부분 들어주는 것만으로도 80%가 해결된다고 한다. 아들의 어이없는 행동과 주장에 대한 답은 바로 기다림과 들어주는 것. 이런 깨달음은 바이칼이 내게 준 또 다른 선물이었다. 그렇게 바이칼은 우리 마음에 쉼을 주는, 채우기보다는 비울 수 있는 곳이었다.

그런 생각을 할 즈음, 영화에 나옴직한 멋진 도로가 낙타 등처럼 저 멀리까지 굽이치는 장관이 펼쳐졌다. 소변이 급하다는 사실도 잊었다. 아들이 배에 힘을 주면 괜찮을 거라며 자신만의 노하우를 알려줬지만 소용이 없었다. 스마트폰 번역기에 화장실이 급하다고 써서 버스 기사에게 보여줬더니 다음 정류장에 내려준다. 정신없이 화장실로 달려갔다다시 버스에 올랐다. 이제 편안히 즐기면서 이르쿠츠크까지의 남은 여정을 즐기면 됐다.

시베리아의 파리,
이르쿠츠크

블라디보스토크에서 이르쿠츠크까지의 거리는 4,106km로, 시베리아 횡단열차 전체 길이 9,288km의 44%에 해당된다. 전체 여정의 절반 가까이를 달려온 셈이다. 비행기로 2시간이면 갈 수 있는 거리를 열차라는 아날로그 감성의 이동 수단으로 3일이나 걸려 도착한 것이다.

이르쿠츠크는 유럽도 아니고 아시아도 아닌 묘한 분위기와 매력을 뿜어내고 있었다. 블라디보스토크에서 짐을 맡기지 못해 캐리어를 끌고

이르쿠츠크의 버스 정류장 풍경

다니던 악몽이 생각나, 제일 먼저 버스터미널의 짐 보관소를 찾았다.

버스 기사는 분명 우리가 내린 곳이 터미널이라고 했지만 아니었다. 구글 지도를 보니 버스 터미널은 1.8km 떨어진 거리에 있었다. 걷기 충분한 거리이고 시간도 넉넉해서 그냥 캐리어를 끌고 가기로 했다. 하지만 그게 실수였다는 것은 나중에 알았다.

중앙시장은 지나는 것이 만만치 않을 만큼 많은 사람들로 붐볐다. 맛있어 보이는 앵두를 한 봉지 사서 먹었는데 생각보다 신맛이 났다. 들고 가기 애매해 다 먹고 가기로 하고 시장 구석에서 봉지째 다 먹었다. 손에 앵두물이 들어 빨개지고 내 흰 바지에도 얼룩이 남았지만, 되려 러시아 여행을 기억하게 할 증거 같아 싫지 않았다. 시장 끄트머리에서 크바스kvas, 호밀을 발효시킨 러시아 전통 주류 음료 파는 집을 만났는데 맛을 보니 그게 술인지 확실치 않았다. 마침 목마르다는 아들도 한두 모금 마셨다. "아빠,

술 마시면 소리가 멀어지면서 기분이 좋아진다는데 난 아직 소리가 잘 들려." 훗날 녀석도 술을 마실 텐데, 나하고도 술 한 잔 기울일 날이 올 거라 생각하니 조금은 징그러웠다. 지금처럼 귀여운 모습을 더 오래 간직하면 좋을 텐데. 이럴 땐 아들이 조금 느리게 자라도 좋겠다는 생각이 든다.

이르쿠츠크는 도시 여기저기에 알록달록한 색깔로 칠해져 있어서 마치 동화의 나라에 놀러온 것 같았다. 서울의 건물들을 저런 색으로 칠해놓으면 어떨까 잠시 생각해보니 아무래도 상상이 가질 않았다. 러시아이기 때문에 가능한 것은 이뿐만이 아니다. 색깔을 통해 도시를 기억하기도 하지만 냄새로 기억할 수도 있다. 나무 냄새, 길거리 냄새, 꽃향기와 지나가는 아이들의 냄새. 우리는 이곳저곳을 걸어 다니면서 이 도시가 가진 냄새는 무엇일지 생각했다. 분명한 것은 내가 사는 동네와 다른, 그들만의 향이 있다는 사실이다. 그것이 이르쿠츠크를 기억하게 만들었다.

이르쿠츠크는 '시베리아의 파리'라 불리는데, 건물은 파리의 그것과 같을지 모르겠으나 단순히 건축물을 따라한다고 파리가 되는 것은 아니다. 그 속을 채울 자유로움과 면면히 흐르는 문화가 살아 숨 쉬어야 할 것이다. 때로는 전라북도 군산시에서나 볼 법한 건물이 나타나기도 했지만 대개는 유럽 스타일의 집과 건물들이었다. 어쩐지 그 건물에는 금발머리에 파란 눈을 가진 볼 빨간 러시아 아줌마가 살고 있고 그 뒤로 웃통을 벗고 도끼를 든 아저씨가 서 있을 것만 같았다.

버스 터미널을 찾아 이르쿠츠크 시내 절반은 걸은 것 같다. 몇 시간 동안 길을 잃고 헤매던 고생은 친절한 사람들이 도와줘서 결국 끝났다. 유모차를 끌고 가다 길을 알려 준 여자와 자전거로 앞서 가며 길을 알려주던 청년, 그리고 아무 말 없이 자기를 따라오라며 담배 피던 손가락을 까딱이던 아가씨들까지, 모두에게 감사한다.

한참을 걸어 드디어 '그곳'에 도착했다. 버스 터미널이라고 돼 있을 줄 알았는데, 건물 벽면에 큰 글씨로 쓰여 있는 '버스 플랫폼'을 보니 허탈했다. 버스 플랫폼을 터미널이라 알고 찾아다녔으니 헤맨 것이 당연하다. 공통된 상징체계가 언어가 되고, 용어가 돼야 한다는 지극히 상식적인 커뮤니케이션 원리를 체감한 셈이다. 그걸 깨닫기 위해 오랜 시간

방황하고 힘들었지만, 덕분에 이르쿠츠크 시내를 온전히 두 발로 걸으며 다 볼 수 있었다. 인생에서는 다 잃는 것도 없고, 다 얻는 것도 없는 법이다.

모스크바에서 동쪽으로 약 4,200km 떨어져 있는 이르쿠츠크는 시베리아 초원로를 따라 그 연변에 세워진 도시들 가운데 가장 오래된 400년의 역사를 가지고 있

이르쿠츠크 구세주 교회 앞에서 그림 그리는 나

다. 16세기 이후 본격화된 시베리아 정복으로 유럽 변방에 머물러 있던 러시아는 18세기를 거치며 유럽 최강국 중 하나가 되었고 그 중심에 이르쿠츠크가 있었다. 결국 이르쿠츠크는 가장 역사가 깊은 도시로 '시베리아의 수도'라 칭해지며 시베리아 관문 역할을 했다. 당시 시베리아에서 도시의 모습을 갖춘 도시는 이르쿠츠크가 유일했으므로 "시베리아의 파리"라고 불린 것은 어쩌면 당연한 결과다.

이 도시의 전환점은 데카브리스트Dekabrist들의 유입을 통해서다. 서유

나폴레옹의 침공을 막아낸 것을 기념해 1813년 세운 이르쿠츠크 '승리의 개선문'

럽의 선진 문물을 경험한 장교들이 주축이 되어 일으킨 데카브리스트 혁명으로 수많은 러시아 지식인들이 이르쿠츠크로 유배를 오게 된 것이다. 당시 보잘 것 없는 개척도시였던 이르쿠츠크는 이들의 영향으로 시베리아 한복판에 발전된 문화와 예술을 꽃피울 수 있었다. 이후 시베리아의 대표적인 유형지로 볼셰비키에 이르기까지 많은 고학력 범죄자들이 이 도시 문화의 바탕이 된다. 19세기 러시아 사상가 셀구노프가 "영국이 런던을, 프랑스가 파리를 건설했듯이 시베리아는 이르쿠츠크를 건설했다. 이르쿠츠크를 보지 않았다면 시베리아를 본 것이 아니다"라며 자부심을 표한 것은 당연한 일이었을 것이다. 일제강점기 당시에는 한국 공산주의 계열 독립운동 세력의 중요한 근거지였다. 그런 역사적 배경 때문인지 언뜻 보기엔 한국과 인연이 없을 것 같은 이 도시에도 한국 총영사관이 있다.

바이칼 호수에서 흘러나와 이르쿠츠크를 관통하는 앙가라 강은 폭이 한강보다 더 넓어 보였다. 저렇게 깨끗한 물이 도시를 가로지르니 도시의 풍모가 한층 깊어 보이는 듯했다. 앙가라 강변에서 느긋하게 아들과 같이 아이스크림을 먹는 이르쿠츠크의 일요일 오후 시간은 채도가 높지도 낮지도 않은 모습으로 오래도록 기억될 것 같다. 앙가라 강 바로 곁에 자리 잡은 개선문은 앞뒤가 똑같은 구조였는데 개선문이 향하는 곳은 모스크바라고 한다. 나중에 아이가 열차 안에서 그린 첫 번째 그림이 바로 개선문이라 더 특별하다.

걷다 보니 학교가 보였다. 검색해 보니 초등학교였다. 사람 사는 곳에

현명이가 그린 개선문

학교가 있는 것이 당연한데, 이르쿠츠크라는 도시 역시 사람이 사는 곳
이라는 사실을 자꾸 잊어버리나 보다. 멋진 풍경과 이국적 건물들이 변
하지 않는 사실을 잊게 만들었다. 길눈이 어두운 아빠를 대신해 아들이
지도를 보며 앞서 나갔다. 현명이는 얼마 남지 않은 휴대폰 배터리를 감
안해 잠깐씩만 지도 앱을 켜서 대로 방향만 보고 걸었는데 그런대로 길
을 잘 찾아가고 있었다. 뒤에서 따라 걷는 내내 아들이 믿음직해 보였
다. 이렇게 아이는 커가고 있었다.

　이르쿠츠크는 어떤 때는 대도시 같고 어떤 때는 폐허의 도시 같은 이
중적 느낌을 준다. '시베리아의 파리'라지만, 먼지 날리는 뒷골목과 손질
되지 않은 정원, 비포장도로가 지금도 계속 개발 중인 도시임을 증명해
준다. 러시아는 냉전 시대에 소련으로 대표되는 공산주의의 종주국이었
고, 우주개발과 핵미사일 등으로 미국과 치열하게 경쟁을 하던 나라다.
또한 소련 붕괴 당시 세계사의 변화를 주도했던 나라이다. 그렇게 세계

현명이가 그린 이르쿠츠크 역사

패권을 쥐고 흔들던 러시아가 이렇게 평범하고 소박한 면모가 있었던 가 싶은 생각을 떠올리게 하는 곳이 이르쿠츠크의 뒷골목이다. 그런 길을 새로 산 캐리어를 끌고 간다는 건 어쩐지 어울리지 않는 듯했다. 하지만 버스를 타자는 내 말에도 아들은 거침없이 캐리어를 끌고 앞으로 나갔다.

"아빠! 진짜 공산주의 국가였던 티가 나!" 주청사 건물은 아이 말대로 단단하고 뭔가 음산한 느낌이 있었다. 청사 앞에는 엄청난 폭의 대로가 있었는데, 신호등이 없는데도 사람이 지날 때마다 차들이 일제히 멈춰 섰다. 아이는 "눈 감고 가도 안전할 것 같다"고 했는데, 교통신호 없이도 철저히 암묵적 규칙을 지켜가는 이들은 가히 선진국 국민이라는 생각이 들었다.

점심때부터 밤늦은 시간까지 이르쿠츠크 시내를 돌아다녔다. 계획을 세우지 않고 돌아다녀서 조금 우왕좌왕하긴 했지만 갈만한 곳은 거의

다 갔다. 개선문을 비롯해 도시의 중심부를 지나며 왜 이곳을 극동의 파리라고 부르는지 알 것 같다고 아들이 말했다. 개선문 앞에서 사진을 찍으려는데 "아빠! 먼저 개선문부터 지나가 보자"라고 해서 둘이 손잡고 개선문을 통과했다. 중학생 아이와 손잡고 그 길을 지나갈 때의 느낌이 새삼스러웠다. 때론 아이가 나보다 '의미주의자'이다.

녹초가 된 상태에서 드디어 오늘의 목적지인 이르쿠츠크 역에 도착했다. 우리 둘은 감격에 겨워 하이파이브를 했다. 아이가 다리가 얼얼하다고 할 정도로 엄청난 거리를 걸었다. 사실 날이 저물어 길을 잃을까봐 굉장히 조마조마했는데, 하늘색 파스텔 톤의 예쁜 이르쿠츠크 역사를 보니 그렇게 반가울 수가 없었다.

이제 이르쿠츠크 역에서 다시 모스크바로 향하는 시베리아 횡단열차에 오른다. 역에서 만난 이르쿠츠크 출신 경제 전문가 안나 역시 두 번의 출장 외에 개인적으로 모스크바 여행을 떠나는 것은 처음이라고 했다. 그만큼 러시아가 드넓다는 의미이기도 하고, 러시아 사람들은 각 지역에서 태어나 평생 거기서 살다 간다는 의미이기도 하다. 안나는 "서울이 대도시라면 이르쿠츠크는 소도시"라고 말했다. 어쩌면 마을에 불과할지도 모른다고 했는데 도시를 돌아보고 나니 서울만큼 발전된 도시는 아니지만 시골이라고 할 만큼 작은 도시도 아니었다. 그들이 그렇게 느낄 뿐이었다. 유럽을 축소한 미니어처 도시를 보고 싶다면 이르쿠츠크로 갈 일이다.

두 번째 기차에 오르다

'디렉터Director' 명찰을 단 승무원이 승차권을 받아 가는 것으로 다시 이르쿠츠크에서 모스크바로 가는 두 번째 기차 여행이 시작됐다. 왼쪽 윗부분을 살짝 찢은 승차권을 돌려받으면 최종 목적지인 모스크바에 내릴 때가 됐다는 의미란다. 모스크바에 도착하는 것이 우리 일정이지만, 한편으로는 아쉬웠다. 우습게도 기차에 오르기도 전에 이 기차를 타고 지구 반 바퀴를 더 돌고 싶은 충동이 일었다.

러시아에서 기차를 타려면 공부를 좀 해야 한다. 새우를 닮은 러시아어로 역명을 읽을 줄 알아야 하고 열차 시간표를 읽고 어디서 타야 하는지도 알아야 한다. 러시아어는 로마자와 모양은 비슷하지만 발음은 완전히 다르기 때문이다. 하지만 이제 그런 걱정이 필요 없을 만큼 횡단 열차 여행이 익숙해졌다. 모스크바행 열차에 오르자 안도의 한숨이 나왔다. 이번 열차는 블라디보스토크에서 처음 탔던 기차보다 열악했다. 열차 번호가 클수록 구형 열차라 가격이 저렴한 대신 시설이 오래됐기 때문이다. 화장실도 그렇고 침대 밑 가방 넣는 곳도 좁고 불편했다. 무엇보다 전기 콘센트가 객실 바깥 복도에 있어서 많이 불편했다. 그나마 우리 방 바로 앞에 있는 것이 다행이었다.

이르쿠츠크 역에서 모스크바행 두 번째 횡단열차를 탔다.

자정에 가까운 시각에 기차에 오르니, 승객들 모두 피곤한 일상의 끝에서 빨리 침대에 몸을 뉘고 싶은 모습이 역력했다. 러시아 사람들은 친근한 사람 앞에서가 아니면 잘 웃지 않는다는데, 늦은 밤 기차 안에서라면 두말할 필요도 없다. 다들 짐 정리하고 자기 바빴다.

세계에서 가장 긴 철도를 가지고 있는 나라, 러시아의 횡단열차 두 번째 여정이 시작됐다. 이르쿠츠크에서 출발한 기차는 수많은 역을 지나며 종착역을 향해 '덜커덩'과 '끼익' 소리를 반복하며 열심히 앞으로 나아갈 것이다. 영화 〈닥터 지바고〉와 〈제독의 연인〉에서 봤던 눈 덮인 광활한 시베리아가 펼쳐지지는 않았지만, 대신 이름 모를 노란색과 자주색 들꽃이 지천에 피어 있는 대평원이 활동사진처럼 계속 이어졌다. 시베리아 횡단열차에서 멋진 풍경을 보고 싶으면 블라디보스토크부터 이르쿠츠크까지 3일 동안의 사진을 보면 된다는 말처럼 앞선 구간도 아름다웠지만, 꽃이 만발한 평원도 장관이었다.

여행을 다니다 보면 '남한에서 왔냐, 북한에서 왔냐'는 질문을 하도 많이 해, 이제는 내가 먼저 '남쪽 대한민국에서 왔다'고 말하곤 한다. 횡단열차에서 만난 러시아 사람들에게 코리아는 남한을 가리키는 것이 아닌 듯하다. 그들이 남쪽이냐, 북쪽이냐를 묻는다는 것은 아직도 한국을 잘 모른다는 뜻이기도 하다. 큰 보탬은 안 되겠지만 나 하나라도 대한민국에 대해 잘 알려주고 싶어 기회가 될 때마다 열심히 설명해줬다.

시베리아 횡단열차는 우리나라 근대 역사의 한 페이지와도 맞닿아 있다. 1936년 일제 치하에서 마라톤 선수 손기정이 베를린올림픽에 참가하기 위해 바로 이 TSR을 탔다고 한다. 경성에서 평양을 지나 단둥과 하얼빈을 거쳐 만주까지 가는 노선을 달리다 이르쿠츠크에서 TSR로 갈아타서 갔다는 것이다. 경성에서 베를린까지 가는 데만 꼬박 보름이 걸렸다고 하니 지금 우리의 고생은 비할 바가 아니다. 불과 한 세기 전, 한국인들은 유라시아대륙까지 이어지는 TSR을 이용해 만주 벌판과 중국, 러시아 땅을 넘나들었던 것이다.

여행은 어디를 가느냐보다 누구와 가느냐가 더 중요하다는 말이 있다. 더구나 시베리아 횡단열차는 며칠 동안 제한된 공간에서 같이 먹고 자고 하기 때문에 여행 파트너가 정말 중요하다. 두 번째 기차에 타면서는 시베리아 횡단열차 자체에 대한 환상과 기대보다, 또 어떤 사람을 만나게 될지 설렘과 걱정이 뒤섞였다. 잘 맞지 않는 룸메이트를 만나면 여행이 악몽이 된다는 얘기를 전부터 들었기 때문이다. 우리가 바라는 최선의 시나리오는 이르쿠츠크에서 모스크바까지의 3박 4일 동안 룸메이트가 바뀌지 않으면 좋겠다는 것이다. 거기다 우리와 코드까지 맞는다면 금상첨화일 테고.

　횡단열차 여행에서 얻은 소중한 기억은 무엇보다 다양한 사람들과의 만남에서 비롯된다. 지나고 보니 그렇게 좁은 공간에서 먹고 자는 식구가 돼도 마음의 교류까지 이루어지려면 최소한 3일은 걸리는 것 같다. 이때 소통하고자 하는 열린 마음은 기본이다. 영어로 대화할 수 있다면 좋겠지만, 그렇지 않더라도 스마트폰 통역 애플리케이션이나 때로는 손짓과 몸짓, 필담으로도 소통한다. 다행히 우리는 운이 좋게도 비카와 세르게이, 그리고 이르쿠츠크에서 모스크바로 갈 때 만난 룸메이트 안나와도 영어로 대화가 가능해 더 편하고 자연스럽게 서로 배려해주며 교류할 수 있었다. 이제 레일 위의 내 집 같은 횡단열차에서 내려 자기 힘으로 걷고 이동하며 보내게 될, 모스크바와 상트페테르부르크에서의 시간들 또한 멋지게 보낸다면 힘들 때마다 꺼내보며 추억하게 될 아름다운 기억이 쌓이게 되겠지. 그런 생각을 하니, 매 순간이 소중하고 아까워 한 시도 잠을 잘 수가 없다. 하지만 이내 스르르 잠들고 마는 밤이다.

'TSR 패밀리'가
되는 법

　　시베리아 횡단열차에서 주의할 점은 자신이 타야 할 기차를 잘 찾
아서 올라타야 한다는 것이다. 시간을 놓쳐　열차를 타지 못하는 경우
가 많은데, 러시아는 모든 기차역의 시계가 모스크바의 현지 시각을 가
리키기 때문에 열차 시간을 착각하기 쉽기 때문이다. 그래서 기차 탈 때

두 번째 열차에서 만난 러시아 어린이들(왼쪽부터 율리아, 막심, 파샤)

세심한 주의가 필요하다. 우리나라 기차역과 달리 플랫폼 찾기도 쉽지 않다. 더구나 영어 안내판도 없었다.

플랫폼 안내판 속 숫자를 눈으로 쫓으며 헤매고 있을 때, 어떤 꼬마가 두리번거리는 나를 보고 말을 걸어왔다. 열차 티켓을 보여달라 하고는 고개를 끄덕이더니 자신을 따라 오라고 손짓했다. 저만치 앞서 걸으며 중간중간 큰 짐을 끌고 힘겹게 경사로를 오르는 우리가 잘 따라오는지를 확인하기도 했다. 그렇게 기차에 올라 우리의 객실을 확인하고 안도하는 순간, 거기 그 꼬마가 있었다. 안나와 파샤 모자가 모스크바까지 가는 3박 4일 여정의 파트너가 되는 순간이었다. 운명처럼 이루어진 만남이라니.

안나는 다소 낯을 가리는 모습이 역력했지만 아들 말대로 꼬마는 시끄럽긴 해도 귀여워서 정이 갔다. 아이 이름은 파샤라고 했다. 한동안 무표정이었던 안나는 내가 자신의 아들을 살뜰히 챙기는 모습을 보며 표정을 풀고 점점 밝아졌다. 다음 날부터는 안나와 파샤 모자와 테이블에 음식을 펼쳐놓고 식사도 같이 했다.

파샤는 자꾸 자기가 가져온 컵라면을 먹어보라고 했다. 냄새가 우리 입맛에 맞지 않을 듯했지만, 어린데도 따뜻한 정을 표현할 줄 아는 마음이 고마웠다. 안나는 아삭이 고추 같은 것을 줬다. 오랜만에 신선한 채

Pasha

Maxim

Yulia

소를 먹으니 기분이 좋아졌다. 밥을 같이 먹는 사람을 식구라고 하는데, 그런 의미에서 모스크바에 도착할 때까지 우리는 모두 '식구'였다.

파샤가 책을 읽으려고 꺼냈는데 글씨 크기도 매우 작을뿐더러 무려 624쪽이나 되는 두꺼운 책이었다. 책 냄새를 맡아보니 오래된 책이었다. 도서관에서 빌려왔냐고 안나에게 물으니 자신이 어릴 때부터 읽던 책이라고 했다. 안나는 자신이 읽던 책을 아들에게 읽어주었다. 아들이 듣거나 말거나 침대에 무릎까지 꿇고 앉아 나지막한 목소리로 들려주었다. 때로는 성대모사를 해 가면서 몇 사람의 목소리를 내는 것 같았고 손을 허공에 대고 제스처까지 취했다. 파샤는 엄마가 책 읽어주는 소리를 들으며 그림을 그렸는데 그 모습이 매우 인상적이었다. 이번이 처음이 아닌 듯 아주 익숙한 반응이었다. 나중에 물어보니 자신이 어릴 때 보던 책을 자식에게 읽어주는 것은 러시아에서 아주 흔한 일이라고 했다. 부모로부터 대를 이어 이야기를 전해주다니, 러시아 문학의 깊이와 저력이 어디서 나오는지를 생각하게 된 순간이었다.

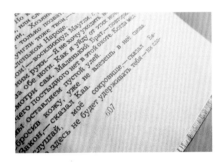

러시아의 뛰어난 문학과 예술성은 장대한 대자연과 어릴 때부터 책과 그림을 가까이 하는 환경 속에서 자연스럽게 생

아들 파샤에게 책을 읽어주는 안나.
러시아에서는 엄마가 어릴 때 읽은 책을 다시 아이에게 읽어주는 일이 흔하다.

겨나는 것 같았다. 상트페테르부르크에 도착하면 아들과 도스토옙스키
의 『죄와 벌』의 배경이 된 거리를 가보기로 했는데, 도스토옙스키뿐 아
니라 톨스토이, 푸시킨의 작품들도 저런 환경 속에서 만들어졌겠구나
싶었다. 같은 학부형으로서 부러운 마음이 드는 것도 사실이었다. 미국
에서는 부모가 아이들에게 책 읽어주기를 숙제로 내준다고 하는데 러
시아 역시 그렇다고 한다. 조금 비약해서 말하면 결국 읽기와 쓰기를 학

교 교육의 기본으로 알고 실천하는 선진국은 그런 바탕을 통해 지금 그들만의 선진 문화를 만든 게 아닐까 싶다. 우리나라 고교생 7명 중 1명은 고교 생활 내내 책을 단 한 권도 읽지 않는다는 기사를 접한 바 있는 나로서는, 안나 모자의 모습이 인상적이다 못해 시샘이 날 정도였다.

책을 읽어주고 나서 쉬고 있는 안나와 이야기를 나누면서, 러시아 여행을 준비할 때 솔제니친의 『이반 데니소비치의 하루』, 도스도옙스키의 『죄와 벌』과 『카라마조프의 형제』를 읽었다고 하니 무척 반가워하며 "당신, 좋은 아빠구나. 아들도 읽은 거야?" 하고 물었다. 훌륭한 아빠와 아들이라고 우리를 추켜세우더니 내가 가지고 간 『카라마조프의 형제』 한국어판을 유심히 살펴본다. 이들과 러시아 문인들에 대해 얘기하는 건 흥미롭기도 하지만, 무엇보다 러시아 문화예술에 대한 존중을 나타내는 것이기도 했다.

옆 칸에서 파샤 또래의 막심과 여동생 율리아가 놀러 왔다. 녀석들은 처음엔 나와 아들을 보고 낯설어 하더니 내가 웃으며 들어오라고 하자 내 자리를 차지하고 앉아 참새처럼 재잘거렸다. 아이들이 장난감을 가지고 노는 동안 우리 객실은 키즈카페가 됐다. 모든 것이 신기하고 즐거울 나이, 8살 남자아이 둘과 5살 여자아이가 모이자 아무도 그들을 말릴 수 없었다.

나중에는 막심 남매의 엄마까지 와서 한 쪽에서는 꼬마들이, 다른 한

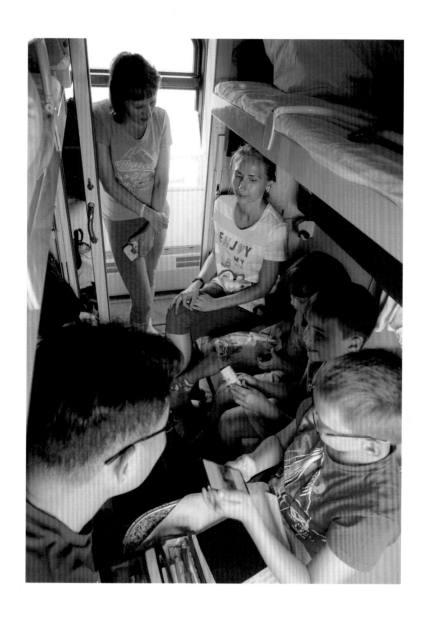

쪽에서는 엄마들의 수다가 객실을 가득 채웠다. 하지만 나는 그게 싫지 않았다. 외국인인 우리 부자를 꺼리지 않고 가까이 다가온다는 것은 우리가 그만큼 편하다는 의미니까. 또한 현지인들의 일상을 곁에서 직접 보고 느낄 수 있어 재미있었다. 이보다 더 가까이 러시아를 알 수는 없는 일이다.

아들이 "이렇게 예쁜 아이라면 여동생이 있어도 좋겠다"고 할 만큼 율리아는 귀여운 아이였다. 하지만 흥분한 아이들이 점점 더 시끄러워지자 아들은 조그만 외마디로 불만을 표시하기도 하고 벽을 쿵쿵 치기도 했다. 현명이도 아직 어리다 보니, 자신의 영역을 침해하는 러시아 동생들이 귀찮았던 모양이다. 나는 물론이고 러시아 엄마들까지도 슬슬 아들의 눈치를 보게 됐다. 침대 위 칸에 있던 나는 슬며시 내려와 안나에게 나지막하게 이해해달라고 했고 안나도 웃으며 알겠다는 눈빛을 보냈다.

파샤는 내 휴대폰에 저장된 빠른 템포의 음악에 맞춰 춤을 추곤 했다. 그때마다 나와 아들은 배꼽을 잡고 웃었다. 창문 가리개를 내리고 머리맡 미등을 켜자 객실은 말 그대로 멋진 무대가 됐다. 관객이라고는 달랑 한국에서 온 두 명뿐이지만 열광적으로 호응해줬다. 그러다가도 엄마가 문을 열고 들어오면 파샤는 흥이 잦아들었다. 그럴 때 아들을 대하는 안나의 모습이 무척 인상적이었다. 뭐 하고 있냐고 목소리를 높일 만한데도 "파샤" 하고 나지막이 이름을 부를 뿐이었다. 안나는 화가 나도 절대 언성을 높이는 법이 없었다. 그런데 나는 그동안 뭐가 그리 급하다고 아이에게 화부터 내고 다그쳤을까?

점심으로 안나 모자와 우리 부자는 똑같이 컵라면을 먹었다. 안나와 파샤는 러시아 컵라면을 먹고 우리는 짜장라면을 먹기로 했는데 러시

아 사람들은 검정색 컵라면을 신기해했다. 안나는 그 사이에 오이와 토마토를 썰어 놓았다. 매번 얻어먹는 게 미안해 현명이가 사과 두 개를 깎아 내놓았다. 파샤가 사과를 다 먹어치워서 내가 '똥개'라고 불렀다. 우리나라 어른들이 아이들을 부를 때 '아이고, 내 강아지들'이라고 부르는 것처럼 애정을 담은 호칭이었다. 안나에게 한국에서 아이들을 '귀여운 강아지cute puppy'라는 뜻으로 이렇게 부른다고 알려주니 안나가 파샤에게 러시아 말로 전해줬다. 파샤는 기분이 좋은지 계속 "똥개"를 외쳐댔고 나는 파샤가 정확하게 '똥개'를 말할 수 있을 때까지 발음을 고쳐주었다. 아들은 그 모습을 보며 자지러지게 웃었다.

애칭은 서로를 사랑하는 증거다. 우리 아들에게도 그런 애칭이 있다. 아들이 어릴 때 혀 짧은 소리로 자기 이름을 부르는 말이 '몽몽이'였다. 그래서 집에서는 이름 대신 몽몽이라고 부른다. 러시아에도 아이들을 부르는 애칭이 있다. 밀르이, 카라푸스, 마르스, 말치크가 그것이다. 모두 귀여운 아이들을 말하는 것이지만, 나이별로 달라서 3세 이하 아이들은 카라푸스, 6세 이하 아이들은 마르스, 그 이상은 말치크라고 부른다고 한다. 그렇다면 8살 파샤는 말치크가 되겠구나. 내 아들은 몽몽이였고 러시아 아들은 말치크였다.

예전에 술 같이 마시고, 집 공개하고, 마음을 보여주면 다 보여준 것이니 '이제부터 형, 동생 하자'던 선배가 있었다. 안나 모자와 우리 부자는 이르쿠츠크 역에서의 만남이 객실까지 이어져 3평 남짓한 공간에서 같이 먹고, 자고, 놀면서 4일을 지냈다. 이 모자와 보낸 시간을 통해 러시아 사람들의 삶을 다 들여다봤다고 할 수는 없지만, 그네들이 살아가는 모습의 일부는 엿보았다고 생각한다. 파샤는 마치 나를 '한국인 아빠'처럼 따랐고, 나 역시 막내아들이 생긴 것 같았다. 함께 대평원에 걸린 노을을 보고, 아침을 맞았다. 밥을 같이 먹고 이야기를 나눴다. 그런 우리를 'TSR의 가족이었다'고 한다면 지나친 과장일까?

스케치는
'자유로움'이다

　기차 안에서 자다가 지친 아들이 말했다. "아빠, 나 그림 그릴래." 이렇게 아들의 그림 그리기가 시작됐다. 아들과 함께 시베리아 횡단열차 안에서 그림을 그려보고 싶다는 오랜 꿈이 실현되는 순간이었다. 여행을 떠나오기 전 스케치북과 펜을 새로 사 주었는데, 드디어 개시. 아들은 이르쿠츠역에서 찍은 사진과 러시아 여행 가이드북에 나오는 사진을 보고 이르쿠츠크 개선문과 모스크바국립대학교를 연달아 그렸다. 깜짝 놀랄 만큼 잘 그렸다. 아이가 더 어렸다면 나는 아마 우리 집안에 미술 신동이 났다며 흥분했을 것이다.

　그림도 본인이 원할 때 그리면 된다. 아이에게 공부를 강요하면 안 되는 것처럼 취미생활도 강요할 수 없는 것인데, 인터넷과 스마트폰을 붙들고 사는 십대 아이들이 잠깐씩이라도 그것을 대신할 수 있는 취미가 하나씩은 있었으면 좋겠다는 생각이 드는 요즘이다. 우리 아이도 세상을 화폭에 담으며 이 세상이 얼마나 멋진 곳인지를 알아갔으면 좋겠다.

　나도 그림에 뒤늦게 입문했지만 스케치, 특히 도시 여행자들이 즐겨 하는 '어반 스케치urban sketch'의 특징은 자유로움이다. 이렇게 그려도 좋

안나, 파샤와 함께 그림 그리던 시간

고 저렇게 그려도 좋다. 어반 스케치를 하는 사람들은 남의 그림에 대해 평가하지 않는 것을 불문율로 여긴다. 그림 그리는 사람, 그리고 그들의 그림을 있는 그대로 인정해주는 것이다. 아들도 크게 주저하지 않고 자유롭게 그려냈다. 나도 불문율을 따라 "잘 그렸구나. 네가 그림 그리는 걸 좋아하는지 몰랐는데"라고만 말해주었다.

　안나의 아들 파샤도 그림 그리는 걸 좋아했다. 파샤만이 아니라 내가 본 거의 모든 러시아 아이들이 그림 그리기를 좋아하는 것 같았다. 파샤가 종이를 꺼내 놓고 그림을 그리기 시작하면 나도 그림 도구를 꺼냈다. 파샤에게 "아저씨 스케치북에 그려도 돼. 그리고 싶은 걸 그리렴"이라고 하자 무척 좋아했다. 파샤는 미사일을 그리더니 엄마에게 한국 국기를 알려달라고 해서 태극기를 그려 넣었다. 그러고 나서 러시아 국기까지 나란히 그린 후 자신의 이름을 사인으로 남겨 놓았다. 내 스케치북에는 현명이의 그림뿐 아니라 러시아 꼬마 예술가의 작품이 함께 담겼다. 세상에 단 하나뿐인 의미있고 멋있기까지 한 나만의 스케치북이 완성됐다.

한 번은 안나까지 합세해 같이 그림을 그렸다. 막심 가족이 머무는 옆 칸 객실에서 놀다온 파샤가 오자마자 같이 그림을 그리자고 했다. 현명이는 어제 두 개나 그려서 오늘은 그림 대신 사진을 찍어주겠다고 했고, 안나는 자기도 같이 그려야 하냐며 깜짝 놀랐다. "나도 그림 그리기 시작한 지 세 달 밖에 안 됐어. 부담 가질 필요 없어. 그냥 재미있는 시간을 보내자"고 했더니, 그제야 알겠다고 했다. 뭘 그릴지 구상하도록 5분만 시간을 달라고 안나가 말했다.

나랑 파샤는 내가 가지고 간 부채에 그리기 시작했는데, 나는 현명이가 추천한 이르쿠츠크의 '구세주 교회'를 그렸다. 안나와 파샤가 사는 곳이기도 하고 이르쿠츠크에서 가장 멋있는 곳이니 구세주 교회를 그리는 게 뜻깊을 것 같다는 것이 현명이 의견이었다. 내가 교회를 그리는 동안 파샤는 다양한 자동차 메이커의 엠블럼을 잔뜩 그리고 있었다.

이르쿠츠크에서 찍은 구세주 교회 사진을 보고 그렸는데 생각보다 잘 그려졌다. 첫 번째 기차에서 만난 비카와 세르게이에게 그림을 그려줄 때 TSR을 그렸는데, 기차 안에서 그린 소재로 TSR 말고 교회는 처음이었다. 단색으로 스케치하고 포인트만 색깔을 칠했다. 현명이도 어반 스케처들의 불문율을 아는지, "아빠, 멋있다. 진짜 구세주 교회 같아"라고 후한 칭찬을 건넸다. 여행을 준비할 때 상트페테르부르크에서 어반 스케치하는 사람들과 같이 그림을 그리기로 일정을 잡아두었는데, 이 분위기라면 그곳에 가서도 잘 그릴 수 있겠다는 자신감이 생겼다. 구세주 교회를 그려 넣은 부채를 안나에게 선물로 주자 "정말 멋져", "진짜 아름다워"를 연발한다. 율리아 가족은 내가 선물한 부채 그림을 보고 안

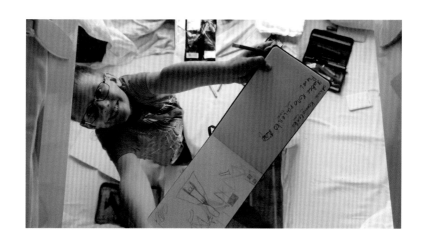

나를 부러워했다. 안나는 환바이칼 철도^{Circle Baikal Railway} 구간에 있는 39개의 터널 중 가장 멋있다는 터널을 그렸는데, 색연필로 그린 것치고는 제법 잘 그렸다.

모두들 내가 그림을 그린다고 하면 "당신은 참 바쁘겠다"며 "일은 언제 하고, 언제 쉬냐?"고 묻는다. 세르게이도 그랬지만, 안나도 내게 "열정적인 사람"이라고 한다. 그들이 보는 것처럼 내가 정말 열정적인 사람일까? 그림은 세상에 대한 나의 관심과 호기심의 발로라고 생각한다. 세상의 모든 것이 궁금하고 흥미로운 나는 젊게 살려고 노력하는, 남보다 조금은 더 열정적인 사람인 것 같긴 하다. 그러나 무엇보다 반가운 칭찬은 우리 아이들의 칭찬이다.

언젠가 큰 딸이 내게 말했다. "나도 아빠처럼 살고 싶어. 젊을 때 열심히 일하고 나이 들어서 자기가 좋아하는 취미를 찾아 열심히 하고 즐거워하는 모습이 진짜 보기 좋아." 아빠에 대한 존경으로 이것 이상의 표현은 없을 것이라 생각했다. 그런데 아들에게도 그런 말을 들었으니, 내가 진짜 멋있는 아빠가 된 듯 뿌듯한 기분이었다.

안나가 그린
환바이칼 철도란?

TSR 노선 중 가장 아름다운 구간

환바이칼 철도는 시베리아 횡단열차의 지역 노선 중 하나로, 미소바야에서부터 바이칼 호수를 지나 이르쿠츠크로 이어지는 짧은 노선이다.

과거 환바이칼 노선은 시베리아 횡단철도 본선의 일부였다. '러시아 강철벨트의 황금버튼'이라 불릴 만큼 당시 어마어마한 공사비가 투입된 까다로운 공사(수많은 사람이 목숨을 잃은 이 공사에는 조선인들도 동원됐다고 한다)였을 뿐 아니라 바이칼 호수의 절경이 펼쳐지는 구간이었다. 그러다 앙가라 강 댐 건설로 일부 구간이 수몰되면서 폐선됐으나, 이후 바이칼 호수가 관광지로 떠오르면서 노선을 보수해 관광 열차로 거듭났다(물론 현지인들이 이용하는 일반 열차도 운행한다).

환바이칼 열차는 이르쿠츠크 역에서 탑승하면 종착지인 포르트바이칼 역까지 시속 20㎞의 속도로 9시간 동안 달린다. 바이칼 호수를 옆구리에 낀 포르트바이칼 역에서 슬루지앙카 역까지의 구간에는 39개 터

널과 248개 교량이 이어지는데, 시베리아 횡단열차 노선 중 가장 아름다운 구간으로 유명하다. 이 아름다운 터널들은 이탈리아 석공들의 솜씨라고 한다.

아빠를
잃을 뻔한 줄도 모르고

횡단열차 간이역에서
흔히 볼 수 있는 주변 풍경을 그린 그림

시베리아 횡단열차는 블라디보스토크 역에서 출발해 모스크바 야로슬라브 역에 도착할 때까지 63개의 역을 지난다. 열차가 정차 역에 가장 오래 머무는 시간은 30분인데 생각보다 길지 않았다. 처음 정차 역에 섰을 때는 행여나 시간표가 바뀌어 열차가 우리를 두고 떠나버리기라도 할까봐 오래 정차하고 있는 역에서도 내릴 엄두를 내지 못했다. 하지만 며칠 지나고부터는 제법 익숙해졌다고 역을 구경하면서 한껏 여유를 부렸다. 사건은 타이셰트 역에서 벌어졌다.

아이는 자고 있고, 30분이면 역 주변을 둘러보는 데 충분할 거라고 생각했다. 역 밖에 나가 구경하다가 마침 노을을 봤는데 마치 영화의 한 장면 같았다. 사진도 찍고 하늘도 바라보는 등 한참을 그렇게 러시아의 대자연에 감동하고 있을 때였다. 문득 플랫폼에 사람이 없다는 걸 깨달았다. 깜짝 놀라 시계를 보니 열차 출발시간을 넘어서고 있었다. 계단을 두 칸씩 뛰어내려가 간신히 열차에 올라탔다.

'휴' 하고 안도의 한숨을 쉬는데 눈앞의 풍경이 낯설었다. 우리 객차가 아니었던 것이다. 갑자기 두려움이 몰려오면서 본능적으로 우리 객실이 있는 방향으로 발걸음을 옮겼다. 이미 열차는 철로 위를 미끄러지듯 달리고 있었다. 마음이 급해져 객차를 옮겨가며 앞으로 빠르게 걸어갔다. 3등석 객차를 지나면 아이가 자고 있는 2등석 객차가 나오기 때문이었다.

하지만 마지막 칸에 다다르자 승무원이 더는 갈 데가 없다며 두 팔을 X자로 벌렸다. 너무 놀라 그 자리에 얼어붙은 듯 서버렸다. 머릿속에는 오직 아들 생각뿐이었다. '여기서 아들과 헤어지면 어떻게 만나지? 여권은 어디 있더라? 지갑은 어디 뒀지?' 오만 가지 생각이 순식간에 머리를 스쳤다. '혹시 다른 기차에 올라탄 건 아닐까? 그럼 어디서 아들을 만나지?' 하얗게 변한 머릿속에 승차권을 찍어 휴대폰에 저장해 둔 것이 떠올랐다. 떨리는 손으로 사진을 찾아 승무원에게 보여주고 판결을 기다리는 죄수의 심정으로 승무원의 입을 응시했다. 안경을 썼다 벗었다 하며 한참 동안 사진을 들여다보던 승무원이 마침내 웃었다.

러시아 말로 한참을 이야기하다가 손가락 6개를 펴 보이며 지금 있는 곳이 6호 차이고 내 객차는 2호 차라고 알려줬다. 그렇게 나는 지옥에서 다시 천당으로 가는 기차에 몸을 실을 수 있었다. 6호 차에서 2호

노을 구경을 하다가 기차를 놓칠 뻔한 타이셰트 역

차까지는 멀고도 멀었다. 내가 왜 6호 차까지 왔는지는 지금도 미스터리다. 어쨌든 아들이 있는 방으로 돌아왔다.

　걱정스런 표정으로 객실 밖을 내다보던 파샤가 나를 발견하고는 활짝 웃었다. 알고 보니 파샤는 열차가 출발하고도 내가 오지 않자 계속 복도에서 나를 기다리며 걱정을 많이 했다고 한다. 이렇게 서로를 걱정하고 챙겨주는 친구가 생기는 것이 횡단열차의 또 다른 매력인가 싶었다. 하지만 정작 아들은 그때까지도 아빠를 잃을 뻔한 줄도 모르고 잠자기 최장 기록을 경신중이었다. 세상모르고 자는 아들보다 러시아 꼬마가 내 안위를 더 걱정해 주다니. 어쨌든 횡단열차를 타고 가면서 가장 아찔하고 극적인 순간이었다. 앞으로는 아이를 두고 절대 역에서 멀리나가지 않겠다고 다짐, 또 다짐했다.

안나가 크라스노야르스크 역으로 찾아온 남편과 친정어머니를 만나는 사이, 우리는 역으로 나가 저녁거리를 샀다. 팬케이크 크기의 얇은 만두와 덩어리 빵 2개, 그리고 현명이가 먹을 햄버거 하나와 콜라 한 병, 맥주 캔 하나를 샀더니 385루블(약 7천 원)이 들었다. 현명이가 사과도 먹고 싶다고 해서 두 개를 사서 서둘러 들어왔다. 그렇게 차린 저녁 만찬은 생각보다 맛있었다. 특히 납작 만두는 우리나라에서 먹는 고기만두 맛과 비슷했는데, 아들은 평소 고기를 잘 안 먹는 아빠가 만두를 거의 다 먹는 걸 보고 놀란 눈치였다. 나중에는 조금 느끼해서 고추장을 묻혀다 먹었다.

노보시비르스크 역에 도착할 즈음 기차 속도가 느려지는 것을 느끼고 일어나 밖으로 나갔다. 열차가 사람들을 내려주고 태우기만 하고 떠날 때와 역에 20분 이상 머물 때는, 열차를 정차시킬 때 나는 마찰음부터 다르다는 걸 이제는 안다. 어둠이 깔린 노보시비르스크 역 전광판에는 기온이 섭씨 14도로 나타났다. 러시아는 워낙 땅이 넓어서 역에 도착할 때마다 시차와 기온이 달라진다. 겨울이면 기온이 영하 40도 이하로 떨어지기도 하는 나라다 보니 기온 변화에 민감하다. 배추 가격이 보통 1kg에 35루블(약 6백 원) 정도인데, 기온이 내려가면 150루블(약 2천5백 원)로 4배 이상으로 뛰기 때문에 기온은 매우 중요한 '민생 정보'라는 것.

'새로운 시베리아'란 뜻의 노보시비르스크Новосибирск는 이름처럼 시베리아 횡단열차 개통으로 형성된 신도시이다. 러시아 제3의 도시로, 시베리아에서 가장 큰 도시이자 중심지이다. 우리나라 광주광역시에 맞먹는 인구, 약 147만 명이 살고 있다. 한강대교가 노보시비르스크의 오비강대교 설계도로 지었다고 하니 더욱 특별한 느낌이 들었다.

　어떤 잘생긴 러시아 총각과 몇 마디를 나눴는데 이렇게 친척을 만나러 며칠 동안 여행하는 당신들이 대단하다고 칭찬하니 "우리에겐 그냥 일상인데?"라는 대답이 돌아왔다. 근처 도시가 1,000km 떨어진 일란스카야라고 말하는 걸 보니, 이것이 러시아의 스케일인가 싶었다. 예전에

중국인 친구가 바로 옆 도시를 간다고 해서 10~20분쯤 가는 줄 알았는데 알고 보니 4시간 걸리는 곳이라서 깜짝 놀란 적이 있다. 러시아나 중국 같은 큰 나라들은 5시간 이상 차를 타는 것이 별일 아닌 모양이었다. 대륙의 남다른 거리 감각이다.

이제 몇 번의 정차를 반복하면 대망의 모스크바에 도착하리라. 벌써 여러 차례의 만남과 이별을 겪었지만, 역시 여행은 만남과 이별의 연속이다. 튜멘 역에서는 광장까지 나갔다 왔는데도 시간이 남아 저편 하늘의 붉은 노을을 사진에 담다 보니 또 시간이 늦어졌다. 사다리가 올라가 있어 서둘러 우리 객차인 36번을 찾아 올라탔더니, 어제 아이랑 헤어지는 줄만 알았던 그 3등석 칸이었다. 악몽이 되살아나나 싶을 때 승무원이 나를 보고 씩 웃는다. 블라디보스토크에서 이르쿠츠크 구간의 승무원들은 무뚝뚝한 표정들이었는데, 친절하고 잘 웃는 이들을 보니 기분이 좋다.

아빠는
대평원을 꿈꾼다

　창밖으로 대평원이 펼쳐진다. 조용히 앙드레 가뇽의 〈첫날처럼〉을 들었다. 시베리아 횡단열차 여행도 벌써 8일째인데, 여행의 첫날처럼 설렘을 되찾고 싶었다. 기차에서 바이칼 호수가 내다보이던 순간이 가장 기억에 남지만, 예카테린부르크로 향하는 열차에서 본 창밖 풍경 역시 잔잔한 울림을 주었다.

조용한 세상은 조용한 생각을 불러일으킨다. 내가 원하는 삶을 생각해본다. 긴장이 없는 평온한 삶이다. 흔적을 남기려 안간힘을 쓰는 것은 살아 있음을 증명하고 확인하고 싶기 때문일 것이다. 왜 그토록 나를 나타내고 증명하고 싶어 했던 걸까? 내 존재 자체가 삶이고 의미인데….

창밖을 보다 문득 사람 손길이 하나도 닿지 않았을 허허벌판에 철도를 놓았다는 사실이 새삼 놀라웠다. '철의 실크로드'라는 명성에 걸맞은 자연 경관을 보고 있으면 마치 내가 개척자라도 된 듯한 착각이 든다. 차분해지고 평온해지자는 스스로의 다짐은 '개척자'라는 단어를 떠올리며 혼란스러워졌다. 뭔가를 해보고 싶은 의욕과 욕심이 아직도 남은 까닭일 것이다.

이르쿠츠크에서 모스크바까지의 구간은 딱 한 번 무료 점심을 제공한다고 하는데, 바로 이날이었다. 마카로니와 치킨이 곁들여진 점심은 닭백숙과 비슷한 맛이었는데, 후추와 소금을 뿌려 먹으니 아주 맛있었다. 살라미는 빵에 넣어 먹었다. 비 내리는 러시아 대평원을 바라보며 아들과 함께 먹는 점심은 살면서 가장 멋진 점심식사로 기억될 것이다.

밥을 먹고 나서 아들이 잠자는 틈에 식당 칸에 갔다. 식당 칸은 가격이 비싸고 음식 양은 적다고 해서 가지 않았는데, 객실에만 있기 답답해 마실 삼아 가보고 싶었다. 식당 칸에서 커피 한 잔 즐기는 시간은 객실에서 느끼지 못한 또 다른 감성을 선물해 줄 테니까. 식당 칸은 이런 곳

붉은 장식이 인상적인 횡단열차 식당 칸 모습

이 있을까 싶으리만치 고급스러웠다. 람보르기니 실내가 이런 고급스
런 빨간색 인테리어가 아닐까 싶을 정도다. 3등석 바로 옆에 이렇게 화
려한 곳이 있다는 사실이 아이러니하다. 젊은 러시아 여성 둘이 이미 밝
은 햇살이 비치는 테이블에 앉아 식사를 하고 있었다. 아들이 자는 동안
만이라도 이 자유와 여유를 즐겨야겠다 싶었다. 그러나 메뉴는 겨우 샌
드위치. 러시아어를 못하는 것과 씀씀이가 소박한 나 자신이 아쉽기도
하지만 어쩌랴. 밝은 보라색, 노란색 들꽃이 지천에 피어 있는 대초원이
거짓말처럼 휙휙 지나가고 있었다. 영화의 한 장면 같은 순간이다.

　며칠을 달려왔지만 이제야 온전히 혼자만의 여유를 가진다. 그동안
은 아이를 잘 챙겨야 한다는 아빠로서의 부담감이 컸던 것 같다. 며칠이

차창 밖에 펼쳐진 자작나무 숲

지나도 똑같은 창밖의 모습을 보면 말이 없어질 수밖에 없었다. 컴퓨터 자판의 'Ctrl+C', 'Ctrl+V'처럼 가도 가도 똑같은 창밖 모습은 마치 지나 온 내 삶과 닮았다는 생각이 든다. 성실한 가장, 책임감 강한 남편, 믿음 직한 아빠의 모습으로 바쁘게 살아온 덕분에 물질적 보상과 사회적 지 위를 훈장처럼 얻었지만 치열하고 고단한 삶이었다.

　기차가 예카테린부르크 역에 들어설 때쯤 갑자기 수십 개의 문자메시 지가 울려댄다. 대전에 사는 친한 친구가 심장마비로 세상을 떠났다는 비보였다. 러시아 어느 골짜기 철로 위를 달리는 여행자에게 그 소식은 너무 비현실적이다. 친구가 죽다니 믿기지 않았다. 나는 자유를 찾아 여 행을 떠나와 있는데 친구는 진짜 자유를 찾아 하늘로 떠났다. 죽음이라

는 단어가 주는 중압감과 선연함이 창밖의 무심한 장면들과 겹친다. 내 친구는 죽었는데 나는 어떻게 살아야 하는지 무거운 물음표가 떠오른다. 멀리 떠난 친구를 위해 혼자 맥주잔을 들고 그가 부디 좋은 곳에 갔기를 바랐다.

앨튼 존의 노래가 흐르고 후크송hook song처럼 '희생Sacrifice'이라는 단어가 반복되고 있다. 마치 나한테 주는 메시지 같았다. '희생하라고? 뭘? 누구를 위해?' 사람들은 세상을 바꾸고 싶어 하지만 내가 바꾸고 싶은 것은 사실 나 자신이었다.

러시아 엄마의
'마술 가방'

파샤의 엄마 안나는 아이를 세심하게 돌보면서도 조용하고 단호하게 훈육할 줄 아는 30대 초반의 여성이자, 경제 전문가로 활동하는 워킹맘이다. 8살 아들과 단둘이 하는 첫 여행으로 시베리아 횡단열차를 타고 모스크바까지 가는 것이라고 했다. 자신도 출장으로 들른 것 말고는 제대로 본 적 없는 수도를, 아들이 한 살이라도 어릴 때 보여주고 싶

었다는 열혈 엄마. 역시 엄마들의 교육열은 국적을 가리지 않는구나 싶었다. 그런 안나가 아들과의 여행에서 가장 신경 쓰는 부분은 아이에게 식사를 챙겨먹이는 일이었다.

안나의 커다란 짐가방 4개 중 3개가 먹을거리로 가득 차 있었다. 꼬마 하나 데리고 여행하는데 무슨 가방이 그리 많은지, "식당을 갖고 다니는 것 같다"고 했더니 웃으면서 맞는 말이란다. 안나의 가방은 화수분처럼 먹을 것이 나오고 또 나오는 마술 가방 같았다. 짐가방에 먹을거리를 가득 채워 다니는 모습은 아이들을 데리고 멀리 기차 여행을 하는 러시아 엄마들의 일반적인 모습이라고 한다.

안나와 파샤는 식빵을 잘라 소시지를 얹고 땅콩버터를 발라 먹기도 했다. 우리나라에서 파는 식빵보다 크기가 조금 작은 빵은 기름이 배어 나올 듯했는데, 추운 지역이어서 열량이 높은 빵을 먹기 때문이란다.

러시아인들의 주식은 빵인데 농촌에서는 주로 호밀로 빵을 만들기 때문에 빛깔이 검고, 밀로 만든 흰 빵은 잔칫날 같은 특별한 때 먹는다고 한다. 러시아에는 '빵과 소금'이란 상징적인 말이 있다. 결혼식이나 귀한 손님을 맞을 때 '소금이 담긴 둥글고 큰 빵'을 내오는데, 격식을 차려 정성스럽게 대접한다는 의미라고 한다. 안나와 파샤가 우리에게 나눠주는 빵에도 그런 의미가 담겨 있었다. '당신은 우리에게 의미 있는 사람입니다.'

러시아 사람들은 소시지를 '칼바싸'라고 부르는데 안나는 다양한 모양과 크기의 칼바싸를 가방에서 꺼내 먹곤 했다. 우리나라에서 파는 대형

소시지 모양의 깔바싸는 꼭 삶아서 먹어야 하고 굽지 않아도 된다고 했다. 안나는 횡단열차 한 켠에 있는 온수기에서 받아 온 뜨거운 물에 깔바싸를 데워 김이 모락모락 나는 상태로 아들에게 먹였다. 먹는 것에도 정확한 규칙이 있는 것 같아 신기한 표정으로 그들의 식사를 지켜봤다. 좁은 기차 안에서 먹기엔 냄새가 강할 것 같아 준비해 가지는 않았지만, 만약 우리가 김치 먹는 모습을 보았다면 그들 역시 우리 음식문화를 신기하게 볼 거라는 생각이 들었다. 러시아는 유제품도 발달했다는데, 안나의 마술 가방에서는 우유 농도가 다양한 유제품이 쏟아져 나와 오늘은 또 어떤 먹거리가 나올지 궁금해 하며 같이 식사를 하곤 했다.

모스크바로 가는 기차 안에서의 마지막 날이다. 아침 식사를 안나, 파샤 모자와 함께 했다. 안나는 아직 열지 않았던 마지막 가방에서 치즈와 살라미 그리고 다른 짭짤한 소시지와 딱딱하고 기름기 많은 식빵을 꺼내 테이블에 차렸다. 우리 부자도 그들과 자연스레 식사를 같이 했다. 이미 3일간이나 함께 지냈으니 제법 자연스런 모습이었다. 우리 아침식사 메뉴였던 양송이버섯 스프에 식빵을 찍어 먹으니 제법 맛있었다. 위층에서 자기도 하나 달라고 손만 내밀던 현명이도 맛있다며 슬금슬금 내려와 동석했다. 파샤가 빵에 치즈를 바르는 방법을 가르쳐줬고, 안나가 통조림을 따 걸쭉한 고기 덩어리를 수저로 떠서 치즈 바른 빵 위에 얹어주었다. 처음 먹어보는 맛인데 정말 훌륭했다. 현명이도 한 입 베어

물고는 맛있다며 눈을 크게 뜨고 슬며시 웃었다. 따뜻한 차까지 곁들이자 그렇게 든든하고 풍성할 수 없었다.

매번 화수분처럼 먹을거리가 쏟아지던 안나의 가방. 아이를 생각하는 엄마의 마음이 담긴 그 '마술 가방' 덕분에 우리도 신선한 과일과 채소, 그리고 러시아 사람들이 즐겨먹는 간식 해바라기씨까지 맛볼 수 있었다. 먹거리가 제한된 기차 안에서 음식을 나누고 베풀어주는 호의는 낯선 여행

이른 아침 모스크바 역에 도착해 안나와 파샤 모자와 아쉬운 작별을 나눴다.

자들에겐 참 고마운 일이다.

　점점 모스크바에 가까워지고 있었다. 파샤는 헤어짐이 아쉬운지 틈만 나면 곁으로 와 내 품에 안겼다. 러시아 말로 뭐라고 하는데 아마 '사랑한다'라는 뜻이거나 '아빠'를 부르는 말 같았다. 2층 침대에 누워있다 갑자기 몸을 일으켜 나를 와락 안기도 했다. 눈물을 글썽이며 엄마한테 헤어지기 싫다고 말하는 것 같았다. 열심히 조립한 티라노사우루스 공룡 모형도 선물이라며 현명이에게 건네준다. 이 아이와의 만남도 특별하다. '잘 가라, 귀여운 우리 똥개. 항상 건강하고 씩씩하게 자라기를.'

이별이 이렇게 아쉬울 줄 미처 몰랐는데, 때로는 아쉬움이 생각보다 깊은 것 같았다.

노곤한 몸을 일으켜 모스크바 역에 내리자 싸늘한 새벽 공기가 온몸을 감쌌다. 안나는 한국말로 '안녕'이라고 인사하고 싶은데 기억이 안 나는지 겸연쩍게 웃었다. 파샤는 금방이라도 울음이 터질 듯한 표정으로 내 허리춤에 매달렸다. 같이 사진을 찍고 '안녕'이라는 말을 마지막으로 우리는 헤어졌다.

CHAPTER 5

러시아의 심장을 만나다

상트페테르부르크의 오후는 빛이 가득하다.
그 포근한 빛의 옷을 입은 도시는 더욱 아름다운 황금빛을 발한다.
모스크바의 웅장함과는 또 다른 고풍스런 멋이 있는 곳.
상트페테르부르크는 구도나 노출이 안 맞는 사진조차
아름답게 느껴지는 그런 곳이다.

붉은 광장은
아름답다

우라ypa, '만세'라는 뜻의 러시아어! 드디어 시베리아 횡단열차의 종착지인 모스크바에 도착했다. 블라디보스토크가 작고 귀여운 엄지공주라면 모스크바는 알라딘 램프에서 '펑'하고 나오는 지니 같은 인상이다. 한 마디로 장대한 스케일을 뽐내는 느낌이랄까. 모스크바는 1,200만 명이 사는 명실상부한 러시아의 수도인데, 유럽 대륙 전체를 통틀어 가장 큰 도시이자 세계 거대도시 중 하나로 꼽힌다. 우리는 새벽녘에 도착해 자정에 상트페테르부르크로 가는 기차를 탈 때까지 꼬박 하루를 모스크바에서 보냈다.

모스크바에 도착해 새벽의 푸른 공기와 만났다. 횡단열차에서 내려 두 발을 땅에 딛고 섰지만 특별하지도 어색하지도 않았다. 우리는 애초부터 그 땅에 서있던 느낌이 들었다. 플랫폼을 따라 서둘러 걸어갔다. 러시아를 동서로 가로지르는 횡단열차 여행을 무사히 마친 것을 축하하기 위해 저편에서 군악대가 쿵쾅거리며 우리 부자를 환영해 줄 것만 같았다.

입구를 빠져나오려고 긴 줄에 서있는데, 승객들을 살피던 보안 직

원이 갑자기 통나무가 넘어가듯 뒤로 넘어졌다. 귀 뒤에서 피가 나고 눈동자는 초점을 잃은 듯했다. 나와 러시아 청년 둘이 부축해 일으켜 세웠는데 남자의 몸이 휘청거렸다. 호루라기 소리가 들리더니 다른 직원들이 달려와 어딘가로 전화를 했다. 이내 휠체어가 왔고 남자는 휠체어에 실려 갔다. 이 모든 게 5분도 안 되는 사이 일어난 일이었다. 직원들이 호들갑을 떨지 않고도 신속하게 대응하는 모습이 인상적이었다. 덕분에 쓰러진 남자도 무사할 것이라 생각된다.

블라디보스토크에서 캐리어를 끌고 다니느라 힘들었던 기억 때문에 모스크바에서는 도착하자마자 짐 보관소부터 찾았다. 한 나라의 수도라면 당연히 영어 표지판이 있을 줄 알았는데, 보이지 않는다. 알아볼 수 없는 러시아 표지판을 두리번거리고 있는데, 저쪽에서 누군가 우리를 보며 손짓을 했다. 이르쿠츠크에서부터 모스크바까지 4일 동안 같은 열차를 타고 온 율리아 가족이었다. 율리아의 엄마는 내가 열차에서 율리아와 막심 남매와 잘 놀아주던 것을 기억하고 있었다. 율리아 엄마는 붉은 광장에 가려 한다며 우리에게도 같이 가자고 했다. 우리도 붉은 광장에 가려던 참이었는데 일행이 생긴다니 잘 되었다. 우선 짐부터 맡기자고 해서 율리아 가족을 뒤따라갔다. 열차 안에서는 율리아와 막심이 우리 객실에 와서 시끄럽게 떠든다고 짜증내던 현명이가 조용히 속삭였다. "아빠가 꼬마들 잘 챙겨줬더니 도움이 되네." 크든 작든 남에게 베푼 호의는 결국 자신에게 돌아오는 법인가 보다.

가방을 맡기는 곳은 '스탠드 바이 룸Stand by room'이라는 곳에 있었다. 율리아 가족과 우리는 그곳에 짐을 맡겼다. 직원이 보관증에 5와 9를 비슷하게 써놓아 엉뚱한 락커를 열려고 씨름을 했는데, 그때도 율리아의 아빠가 해결해줬다. 그 사이 율리아는 장난을 치다가 의자 사이에 무릎이 끼고 말았다. 현명

모스크바 지하철에서 그린 무뚝뚝한 표정의 러시아 남자

이와 나는 양쪽 의자를 있는 힘껏 벌려 율리아의 다리를 빼내려고 했는데 아이는 그럴수록 더 크게 울었다. 이러다 큰일이 나는 건 아닐까 싶어 식은땀이 났다. 아들과 다시 한 번 "영차, 영차" 구령을 외치며 힘을 썼다. 순간 율리아 다리가 거짓말처럼 쏙 빠졌다. 아이들의 장난과 사고는 국적을 불문하고 일어난다. 저런 장난꾸러기 딸을 지금 현명이만큼 키우려면 율리아의 부모도 참 힘들겠다 싶어, 나도 모르게 측은하게 바라보게 된다.

붉은 광장으로 가려면 기차역에서 가까운 콤소몰스카야 전철역에서 테아트랄나야 역으로 가야 한다. 러시아어를 읽지 못하니 지하철 승차권 구입도 쉽지 않았는데 율리아 아빠가 우리 승차권까지 사줬다. 율리

모스크바의 중심 붉은 광장에서. 뒤편에 성 바실리대성당이 보인다.

아의 다리를 꺼내준 데 대한 감사의 표시 같았다. 지하철에 앉자 나를 사이에 두고 막심과 율리아가 찰싹 붙어 앉았다. 횡단열차에서도 그랬지만 모스크바에 도착해서도 러시아 꼬마들은 나를 참 잘 따른다. 맞은편에 앉은 아들이 그 모습을 보더니 씽긋 웃는다. 나도 따라 웃었다.

모스크바 여행은 주로 붉은 광장에서 시작한다. 붉은 광장은 구 소련 시절 5월 1일, 11월 7일에 혁명 기념 퍼레이드를 하던 곳으로 모스크바의 심장과도 같은 곳이다. 7만 3천 평방미터의 붉은 광장은 역동적인 러시아 역사가 살아 숨 쉬는 현장이다. '붉은'이라는 말은 고어에서 '아름다운'이라는 뜻이었다고 한다. 그래서 붉은 광장은 '아름다운' 광장이다. 광장에서 보면 크렘린궁, 성 바실리대성당, 굼백화점, 국립역사박물관, 카잔성당, 레닌 묘, 부활의 문 등 모스크바 명소가 모두 눈에 들어오는데, 그야말로 아름답다는 수식어가 걸맞은 광경이다.

지도를 보면 모스크바는 완벽한 과녁 모양을 하고 있는데, 그 한가운데 크렘린궁과 붉은 광장이 있다. 러시아의 수많은 문화유적 중 1990년에 유네스코 세계문화유산으로 처음 등재된 곳이 바로 '크렘린궁과 붉은 광장'이다. 이곳에서는 왠지 러시아 군인처럼 당당하게 걸어야만 할 것 같았다.

현명이는 톰 크루즈가 주연한 영화 〈미션 임파서블: 고스트 프로토콜〉을 찍은 곳으로 붉은 광장을 기억하고 있었다. 그래서 광장을 둘러보는 동안 자꾸만 영화 속 장면들과 현실이 겹쳐진다고 했다. "우와, 크렘린궁 보인다! 영화에서는 테러리스트들이 크렘린궁을 폭파시켜버렸는데." 아들은 양복 입고 지나가는 사람만 봐도 죄다 정보기관 요원처럼 보이는 모양이었다. 크렘린궁에 있는 대통령 집무실은 빨간 깃발이 걸려 있으면 푸틴 대통령이 일하고 있다는 뜻이란다. 우리가 갔던 날에는 아쉽게도 깃발이 올라가 있지 않았다.

붉은 광장의 상징적인 건축물이자 흔히 '러시아' 하면 가장 먼저 떠오르는 것이 양파처럼 둥그렇고 알록달록한 지붕이 있는 성 바실리아대성당일 텐데, 추억의 게임 '테트리스'가 시작될 때 처음 나오는 건물이기

붉은 광장에서 바라다 보이는 모스크바 명소들.
국립역사박물관(위), 굼백화점(왼쪽 아래)과 카잔성당(오른쪽 아래)

도 하다. 성 바실리대성당을 언급하려면 이반 4세 이야기를 빼놓을 수 없다. 러시아 정교회 성당인 성 바실리대성당은 이반 4세가 러시아 땅에서 몽고군에게 몰아낸 것을 기념하기 위해 세웠는데, 완공된 성당의 모습에 반한 왕이 두 번 다시 이런 아름다운 건물을 짓지 못하도록 건축가 보스토니크와 파르마의 눈을 뽑아버렸다는 전설이 있다.

우리는 광장 주변을 돌며 율리아 가족과 사진도 찍고 구경도 하다가 레닌 묘를 보기 위해 잠시 흩어지기도 했다. 바실리성당에서 다시 만난 우리는 좀 더 구경을 하다가 알렉산드롭스키 정원에서 헤어졌다. 율리아 가족은 흑해로 떠난다고 했다. 시베리아 횡단열차에서 맺어진 또 하나의 인연과 그렇게 작별했다. '100루블을 얻으려 하지 말고 100명의 친구를 가져라'는 러시아 속담이 있다. 인연을 소중히 여기다 보면 소중한 친구를 얻게 된다. 율리아 가족은 짧은 시간 동안이지만 서로 배려하며 마음을 나눈 친구들이었다.

러시아의 자랑, 모스크바 지하철

'지하 궁전' 같은 아름다움, '세계문화유산' 지정도

러시아의 자랑이자 편리하고 아름답기로 유명한 지하철은 수도인 모스크바와, 모스크바 다음으로 영향력이 큰 제2의 도시 상트페테르부르크, 러시아에서 세 번째로 큰 도시이자 시베리아에서 가장 큰 노보시비르스크에서 운행된다.

이중 가장 오랜 역사를 자랑하는 모스크바의 지하철은 1935년에 개통했으며, 총 길이 349.4km에 12개 노선, 207개 역이 있는데, 계속 노선을 증설 중이다. 오전 5시 30분부터 새벽 1시까지 운영되며 하루에 약700만 명의 승객이 이용하는, 모스크바 시민들이 가장 애용하는 대중교통 수단이다. 전 세계적으로도 도쿄 지하철 다음으로 이용객이 많아 도쿄 지하철, 뉴욕 지하철과 함께 '세계 3대 지하철'이라고도 불린다.

모스크바 지하철의 좋은 점은 무엇보다 오래 기다릴 필요가 없다는 것이다. 운행 간격은 보통 2분이지만, 출퇴근 시간에는 90초마다 들어오기 때문에 먼저 타겠다고 밀거나 뛸 필요가 없다.

모스크바의 지하철은 우리나라보다 폭이 좁고 소음이 심한 편이다. 깊은 지하라 먼지가 많을 텐데도 창문을 열고 달린다. 에어컨도 없이 창문을 열어 놓다 보니 공사장 한가운데를 달리는 느낌이지만 정작 시민들은 크게 신경 쓰지 않는 듯 무심하다. 러시아어의 억양이 강한 덕분에 이런 환경 속에서도 잘 적응하고 소통하며 지내는구나 싶었다. 그런데 지하철 안이 얼마나 시끄럽길래 그러냐고? 이렇게만 말해두자. '상상불가'라고.

대리석과 화강암으로 장식한 모스크바의 지하철 역사驛舍는 '지하 속의 궁전'이라 불릴 정도로 웅장하고 화려하다. 벽면을 벽화, 부조, 조각품, 모자이크 등으로 장식하고 천장도 멋진 그림들로 치장하는 등 사회주의 리얼리즘 시대의 예술작품이 가득하기 때문이다. 실내등 또한 역마다 모두 모양이 다르다. 다니다 보

면 고개를 빼고 천장을 올려다보고있는 사람들을 종종 보게 되는데, 관광객은 물론이고 현지 시민들도 그 아름다움에 시선을 뺏기곤 한다. 특히 순환선인 5호선 콜체바야 노선에 아름다운 역들이 많아, 이를 보기 위한 별도의 지하철 투어도 있다.

대표적인 모스크바 지하철역 몇 곳을 다음에 소개한다.

◆마야콥스카야 역 '세계에서 가장 아름다운 지하철'을 꼽을 때 빠지지 않는 마야콥스카야 역은 러시아의 유명 건축가 알렉세이 두시킨의 작품이다. 1호선 자모스크보레츠카야 노선에 있는 이 역은 2차 세계대전 이전 스탈린주의 건축을 대변하며, 아르데코 양식이 조화를 이룬다. 1938년 뉴욕 세계산업박람회에서 대상을 받았으며, 세계문화유산으로 지정되기도 했다.

◆혁명광장 역 역시 알렉세이 두시킨이 설계한 역이다. 역사 안에 청동 조각상 76개가 있는데, 조각가 마트베이 마니제르의 솜씨다. 1938년 역 개관식에 참석한 스탈린은 조각상들을 보고 "살아있는 것 같다"고 했단다. 모스크바 학생들은 시험 전날, 국경 수비대 군견 조각상의 코를 만지면 시험을 잘 치른다고 믿는다. 또 소녀 조각상의 발을 만지면 사이가 나쁜 관계가 회복된다고 한다.

◆키옙스카야 역 모스크바 지하철 역 중에서도 가장 아름다운 역으로 꼽힌다. 5호선 콜체바야 노선에서 마지막으로 건설된 역으로, 1953년 흐루쇼프 공산당 서기장이 고향인 우크라이나를 기리기 위해 세웠다. 우크라이나 전통 장식을 모티프로 한 모자이크 벽화 18점이 있다. 키옙스카야 역은 소련과 우크라이나의 상호 관계를 상징하는 장소였던 만큼, 모자이크 벽화 중에 우크라이나 빨치산의 투쟁을 묘사한 그림도 있다.

◆엘렉트로자봇스카야 역 3호선 아르바트스코 포크롭스카야 선에 있는 엘렉트로자봇스카 역은 모스크바 동쪽에 위치한다. 원래는 발전소이자 조명과 산업 생산연구 시설이었다. 천장에 318개의 독창적인 램프가 있고, 첼라빈스크산 대리석으로 만든 중앙 홀 원주에는 발전소 노동자들과 대장장이를 묘사한 부조가 새겨져 있다.

◆벨로루스카야 역 고대 로마 빌라의 둥그런 천장에서 영감을 받아 '아라베스크'를 꾸며놓았다. 천장에 벨라루스 민족의 삶을 묘사한 그림 12점을 그려 놓았으며 바닥에는 벨라루스 전통 자수와 장식 문양을 새겼다. 이 역을 세운 건축가들은 1951년 스탈린상을 수상했다.

◆콤소몰스카야 역 모스크바에서 유동 인구가 가장 많은 교통 중심지 중 하나이자 모스크바의 관문으로 설계된 곳이다. 레닌그라드스키, 카잔스키, 야로슬라브스키(시베리아 횡단열차 종착역) 등 모스크바의 기차역 세 곳과도 가까워 여행객들이 처음 만나는 모스크바의 얼굴이기도 하다. 무도회장을 연상케 하는 이 역은 러시아 혁명 이전에 사용된 바로크 양식으로 꾸몄으며, 1958년 브뤼셀 국제박람회에서 대상을 받기도 했다.

한낮의
모스크바 산책

　　모스크바의 일조량을 보면 이곳 사람들이 왜 우울증에 시달리는지 이해할 거라고 한다. 모스크바는 2017년 12월 한 달간 햇빛을 본 시간이 6분에 불과했다. 월 일조량이 3시간에 그친 2000년 이후 가장 적은 수준이었다. 다행히 우리가 여행한 여름엔 신의 축복이라도 받은 듯 날씨가 화창했다. 공기를 들이마시는 것 자체로도 건강해질 수 있을 것처럼, 돌아다니는 내내 기분이 상쾌했다.

　　모스크바는 확실히 도시 규모가 다르다. 이제까지는 소도시들만 다니다 보니 주로 걸어서 여행을 했는데, 모스크바에서는 대중교통을 이용해야 할 것 같았다. 아들은 우리나라 '따릉이' 같은 공유 자전거를 타자고 했다. 모스크바는 언덕이라 부를 만한 곳이 거의 없는 평지이기 때문에 자전거 타기가 수월하다. 마침 공유 자전거 보관대가 보였다. 하지만 휴대폰으로 본인 인증과 결제까지 해야 해서 아들은 자전거를 빌릴 수가 없었다.

　　횡단열차 안에서 휴대폰이 파손된 후 휴대폰 없는 생활에도 잘 적응해 왔는데, 자전거를 빌리는 과정에서 난관에 부딪힌 아들은 짜증이 치밀었나 보다. 하지만 방법이 없었다. 회원 가입하고 비자카드 승인 받고

황금돔 지붕이 아름다운 구세주 그리스도대성당

물어보고 하느라 아까운 시간만 허비했다. 햇볕은 뜨겁기만 한데 그냥 걸어 다니기로 했다. 풀이 죽은 아들은 의욕을 잃고 느릿느릿 걸었다. 그래도 문제를 해결하려고 끝까지 이 방법 저 방법 시도해본 아들이 기특했다. 외국에서 살 수 있겠다는 아들의 말이 허튼 소리가 아니라는 생각이 들었다.

현명이가 목이 마르다고 해서 편의점에 갔는데, 음료수 가격을 보더니 비싸다며 다른 데 가자고 한다. 결국 30% 할인해주는 맥도날드에 들어가서 콜라를 주문했다. 무인 주문기에 카드를 넣고 주문 버튼을 누를 때 러시아 말을 이해하지 못해 주문이 잘못된 모양이었다. 돈을 아끼려다가 오히려 돈을 더 쓰게 됐다. 아들도 웃고 나도 웃었다. 인생이 그런 것이다. 우리 부자는 미지근한 1.5리터짜리 콜라를 한 병씩 홀짝이며 크림스키 다리를 건넜다. 모스크바 강을 가로지르는 이 다리는 규모가 엄청났다. 모스크바는 뭐든 큼직큼직하고 화려하다는 인상을 준다.

붉은 광장에 서있으면 모스크바의 명소가 다 바라다 보이는 것처럼, 모스크바 강변을 따라 걸어도 이 명소들을 다시 만나게 된다. 황금 돔 지붕이 아름다운 구세주 그리스도대성당에서 모스크바 강을 따라가다 보면 '고리키 공원'이 나오는데, 바로 러시아의 대문호 막심 고리키의 이름을 딴 공원이다. '모스크바의 센트럴 파크'라고도 불리는데, 도심 공원임에도 길이가 3km에 이를 정도로 엄청난 규모다. 도시 중심부에 이런 넓은 공원을 가진 모스크바 사람들이 부러웠다. 잔디밭에서 가족끼리 소풍을 즐기거나 책을 보는 사람들, 강변 벤치에 앉아 데이트하는 연인들, 롤러스케이트나 스케이트보드, 전동 자전거를 타고 지나가는 사람들. 모두 여유롭고 평온한 모습이었다. 고리키 공원은 우리나라에도 온 적 있는 독일 메탈그룹 스콜피온스의 세계적인 히트곡 〈윈드 오브 체인지Wind of Change〉의 첫 소절에 등장하는 곳이기도 하다.

모스크바 번화가인 아르바트 거리(왼쪽)
국립도서관 앞에 있는 도스토옙스키 동상(오른쪽)

꼭 가보고 싶었던 고리키 공원 정문

고리키 공원

'모스크바 강을 따라 고리키 공원을 거닐며 변혁의 바람 소리를 들었지

I follow the Moskva, Down to Gorky Park, Listening to the wind of change'

나는 스콜피온스의 공연을 직접 본 적이 있어 이 공원에 더욱 와보고
싶었다. 아들과 이어폰을 나눠 끼고 〈윈드 오브 체인지〉를 들으며 공원
을 산책했다. 이 곡은 냉전이 끝나갈 무렵, 구소련 체제의 막을 내리고

글라스노스트(고르바초프 당서기장이 실시한 개방정책)의 길로 나아가 던 모스크바의 모습을 담았다. 한 마디로 구소련 붕괴를 '변화의 바람'이 라 노래한 것이다. 당시 독일에 이어 러시아까지 동구권의 거대한 변화 를 목격하며 역사의 거침없는 흐름에 전율했던 우리 세대에게는 특별 한 의미로 다가오는 명곡인데, 아들은 그런 배경 설명을 듣고도 큰 감흥 은 없는 듯했다. 역사 인식이 서로 다른 만큼, 세대 차이가 나는 것이라 고나 할까.

한참 공원을 걷다 심심해하는 아들과 고르키 공원과 모스크바 강변 풍경을 생중계하는 시늉을 하며 놀았다. 아들이 앵커가 됐고 나는 현지 리포터가 되어 그곳을 스케치했다. 방송 기자처럼 폼을 잡고 강 위를 흐 르는 유람선과 하늘에 떠 있는 구름, 지나가는 사람들의 모습 등을 묘사 하며 모스크바의 풍광을 눈에 담았다. 뜨겁던 볕은 가고 시원한 바람이 불고 하늘은 푸르다. 시간 가는 줄 모르고 아들과 이렇게 장난치고 놀 수 있는 지금 이 순간이 더 없이 행복하다.

여기저기서 그림을 그리고 있는 이름 없는 거리 화가의 작품을 한 점 쯤은 사고 싶었는데 아들이 핀잔을 준다. "아빠, 뭘 그런 걸 사. 저 정도 그림은 이제 아빠도 그릴 수 있잖아!" 아빠가 화가만큼 잘 그린다는 것 인지, 돈을 아끼고 보자는 심사인지 헷갈렸다. 전자의 뜻이었을 거라 생 각하기로 했다.

이제 모스크바를 한눈에 내려다 볼 수 있는 참새언덕을 거쳐 모스크바국립대학교로 향한다. 모스크바에는 산이 없어서 해발 115m 되는 참새언덕이 사실상 가장 높은 곳인데 전망이 좋아 현지인의 웨딩촬영지로 인기가 많다고 한다. 참새언덕이라지만 참새는 한 마리도 보지 못했다. 그 참새언덕 뒤에 모스크바국립대학교가 있다. 다른 건물들에 비해 눈에 띄는, '스탈린 양식'이라는 독특한 건축 형태를 갖고 있다.

트레티야코프미술관 신관 앞 광장에서 이름 모를 화가들의
작품을 전시, 판매하고 있었다.

한국계 러시아인 록가수 '빅토르 최' 추모의 벽.
구소련에 서방 록 음악을 소개해 큰 인기를 누린 인물이다(위)
모스크바 번화가인 아르바트 거리에도 무명화가들이 많았다(아래)

너에게 모스크바대학을
보여주고 싶은 이유

우리나라에 서울대학교가 있다면 러시아에는 모스크바국립대학교가 있다. 4만 명의 학생이 재학하고 수많은 노벨상 수상자를 배출한 러시아 최고 교육기관인 이 대학의 정식 명칭은 로모노소프 모스크바국립대학교Lomonosov Moscow State University이다. 우리나라에서는 '엠게우'라 부르기도 하는데 1755년에 설립되어, 상트페테르부르크대학교1724년에 이어 러시아에서 두 번째로 오랜 역사를 자랑한다.

한 나라의 과거와 역사를 알고 싶다면 박물관을, 현재를 알고 싶다면 시장을, 미래를 알고 싶다면 대학에 가보라는 말이 있다. 현명이와 나도 모스크바국립대학교에 가보기로 했다. 러시아의 학문적 성취와 학풍, 젊은 세대의 문화를 있는 그대로 보여주는 대학이야말로 러시아의 과거와 현재를 돌아보고 미래를 가늠할 수 있게 해주는 훌륭한 여행지이자 배움터라는 생각에서다. 특히 고등학교 진학을 앞둔 현명이에게 다른 나라의 우수 대학과 그 대학에서 열심히 공부하고 연구에 매진하며 한 나라를 이끌고 갈 준비를 하는 인재들을 보여주어 더 큰 비전을

품도록 도와주고 싶었기 때문이다. 아이가 자기의 꿈을 찾고 진로를 준비하는 데 자그마한 동기라도 되기를 바라면서.

모스크바국립대학교는 1호선 소콜니체스카야 노선 우니베르시테트 역에서 내려 10분 정도 걸어가면 나온다. 역명은 영어 '유니버시티 University'와 같은 말이다. 모스크바에는 다른 대학이 여럿 있는데도 불구하고 해당 역명을 '대학'이라는 일반명사를 썼을 정도로 대표적인 위상을 가진 학교임을 알 수 있다.

모스크바국립대학교는 복도를 모두 이으면 33km나 되며 강의실만 해도 5천 개나 된다고 한다. 이렇게 엄청난 규모의 대학 건물을 모두 보려면 145km를 걸어야 한다고 할 만큼 캠퍼스가 드넓다. 얼마나 대단한 크기인지 사진을 찍을 때 대학본부 건물과 아들을 한 프레임 안에 넣는 것이 어려워 한참 고민했을 정도다. 블라디보스토크에서도 그랬지만, 러시아에서는 외부인의 대학 건물 출입을 막기 때문에 안으로 들어가지 못하고 캠퍼스를 걷고 또 걸었다. 반쯤 간 것 같은데 여전히 끝이 보이지 않고 학생들도 눈에 띄지 않는다. 이곳이 대학인 줄 몰랐다면 공원에 온 줄 착각할 정도로 가도 가도 끝없는 숲이 이어졌다.

화장실이 급해서 혹시나 하는 마음으로 건물 1층으로 달려갔지만 역시나 출입금지다. 무표정한 얼굴의 군인들은 고개만 가로저을 뿐이었다. 인간의 기본 욕구 해결조차도 허용해 주지 않는다니, 야속하기만 했다.

대학에 무슨 비밀이 그리 많길래 이러나 싶기도 했다. 출입을 막으니, 매점에서 그 흔한 대학 관광 기념품조차 구할 수 없지 않은가. 나중에 들으니, 러시아는 자국 기술을 외국인에게 전수해주는 걸 매우 꺼린다고 한다. 외국인이 언어, 문학 등 인문학과 예술을 제외한 다른 기술 관련 학문, 특히 우주·항공·핵 관련 교육을 받는 것은 불가능에 가까울 만큼 기술 유출에 예민하다고 한다. 물론 학비를 내면 입학은 시켜줄지 몰라도 졸업이 쉽지 않다는 것이다. 아직까지는 러시아의 주요 기술을 외국 학생들에게 가르칠 이유가 없으며 그럴수록 손해라고 생각하기 때문이란다. 이런 얘기를 듣고 나서야 왜 러시아 대학들이 왜 그렇게 외부인의

현명이가 그린 모스크바국립대학교 본부

출입을 철저히 통제하는지 조금은 이해가 됐다. '과학은 진리를 향한 배움이자 정신을 향한 개발'이라는 모스크바국립대학교의 교훈 역시 자국 과학 기술에 대한 드높은 자부심을 드러내는 것이 아닌가 싶다.

모스크바국립대학교의 상징은 대학본부다. 이 건물은 인도의 타지마할처럼 데칼코마니를 찍은 듯 연못 위에 그대로 투영되는 모습이 유명한데, 모스크바를 대표하는 건물답게 웅장하고 멋지다. 현명이는 TSR에서 자신이 그린 모스크바 대학본부 그림과 실제를 번갈아가며 쳐다봤다. 자기가 생각해도 제법 그럴듯하게 그렸던지 흐뭇한 표정으로 웃고 있다. 마침 옆에서 사진을 찍던 영국인 여행자가 보고 "정말 멋진데

Wonderful, Fantastic!"를 연발하며 그림을 칭찬해줬고 아들도 신이 났다. 대학본부로 이어지는 연못 좌우에는 이 대학 출신 노벨상 수상 석학들의 반신상이 세워져 있는데, 그들도 현명이의 그림을 함께 칭찬해 주는 유쾌한 상상에 빠져보았다.

원래 유럽권은 누구나 평등하게 교육을 받아야 한다는 사상이 강해 모스크바국립대학교 역시 입학 조건만 충족되면 들어가는 것이 생각보다 어렵지는 않다고 한다. 하지만 졸업은 다르다. 우리나라에서는 대학 과정에서 중도에 탈락하는 경우가 거의 없지만, 유럽 대학들은 졸업하기까지가 힘들다. 1년이라도 공부를 게을리 할 경우 절대로 학위를 딸 수 없으며 학사 관리 또한 철저하단다. 그래서 대학에서 퇴학을 당하는 것도 드문 일은 아니다. 이렇게 졸업이 어렵기 때문인지 모스크바국립대학교는 동문 간의 네트워크가 유독 강하고 러시아 사회에 미치는 영향력도 크다고 한다. 이 대학 동문으로는 소련 공산당 서기장이자 노벨 평화상을 받은 미하일 고르바초프와 주기율표를 만든 멘델레프, 그리고 작가 안톤 체호프 등이 있다.

비록 모스크바국립대학교 학생을 만나지는 못했지만, 캠퍼스의 불을 밝히고 땀 흘리며 공부하는 이들 가운데 유망한 러시아의 인재들이 나올 것이라 생각한다. 현명이와 또래 친구들이 자라서 언젠가는 이들과 함께 한반도 전체와 러시아의 평화 교류, 그리고 상호 협력을 주제로 토론하는 그날이 오기를 꿈꿔본다.

모스크바의 '스탈린 시스터즈'

소비에트 선전 도구였던 시스터즈,
지금은 모스크바 야경 빛내

"뉴욕에는 마천루가 하늘을 찌르는데 모스크바의 하늘은 왜 이리 허전한가?"

모스크바에는 '스탈린 시스터즈'라 불리는 고층 건물 시리즈가 있다. 1920년대 자유와 시장경제 체제를 상징하는 도시 뉴욕에 즐비한 마천루를 보고 온 스탈린이 모스크바에도 소비에트 권력을 상징할 만한 고층 빌딩이 있어야 한다며 세운 것이다. 모스크바국립대학교, 우크라이나호텔, 레닌그라드호텔, 외교부, 쿠드린스카야 광장 문화인 아파트, 코텔니체스카야 강변로 예술인 아파트, 크라스늬예 보로타 옆 행정기관 건물이 바로 그것. 원래는 여덟 개를 세울 계획이었지만 스탈린의 죽음으로 마지막 공사가 중단돼 일곱 개가 남았다고 한다.

소비에트 체제의 선전 도구로 내세운 건축물인 만큼 모스크바 어디서라도 잘 보이도록 세웠는데, 다른 나라의 고층 빌딩과 차별되도록 소비에트식 바로크 양식과 고딕 양식을 융합시킨 독특한 건축 양식이다.

스탈린 시스터즈 중의 하나인 외교부 건물 앞에서

당시 스탈린은 스탈린 시스터즈의 중요성을 부각시키려고 1947년 9월 7일 오후 1시 동시에 기공식을 갖게 했으며 그 시각 다른 곳의 모든 공사를 중단시켰다. 지금도 모스크바의 스카이라인을 책임지고 있는 스탈린 시스터즈 건물들은 빛바랜 스탈린주의를 뒤로 하고 도시의 야경을 더욱 아름답게 빛내주고 있다.

붉은 화살호를
타고

러시아의 심장과 같은 모스크바를 봤다면, 러시아 문화예술의 중심지 상트페테르부르크도 여정에서 빼놓을 수 없다. 상트페테르부르크에서는 특히 어반 스케치 그룹 'USK 상트'와 만나 함께 그림을 그리기로 일정을 미리 짜두었을 뿐 아니라 도스토옙프스키의 소설 『죄와 벌』의 무대가 된 센나야 광장 등에 가보고, 러시아가 발레의 본고장인 만큼 발레 공연도 볼 계획이라 기대가 컸다.

제정 러시아 시대의 수도였던 상트페테르부르크는 모스크바와 마찬가지로 역사의 중심에서 벗어난 적이 없지만, 무엇보다 도스토옙스키, 푸시킨, 차이콥스키 등 위대한 예술가들의 터전으로 러시아 문화의 중심지였다.

모스크바에서 상트페테르부르크로 갈 때 어떤 교통수단을 이용하면 좋을지 고민을 많이 했다. 버스로 이동하기도 하지만, 보통은 기차를 많이 이용한다. 모스크바와 상트페테르부르크를 오가는 열차는 종류가 많은데, 우리나라 KTX와 같은 고속열차 '삽산Sapsan'과 일반 열차, 그리고 야간에 운행되는 '붉은 화살호' 등이 있다. 이중에서 자신의 일정에 맞는

레닌그라드 역으로 갈 때 지나는 콤소몰스카야 광장에서 본 카잔 역 전경

열차를 고르면 된다. 우리는 심야에 모스크바를 출발해서 이른 아침에 상트페테르부르크에 도착하는 붉은 화살호를 타기로 했다. 붉은 화살호가 삽산보다 가격이 비싸지만 대신 시간과 숙박비를 절약할 수 있기 때문이다. 게다가 소비에트 공산당 간부들이 타던 '고급 열차'라는 붉은 화살호를 타보는 것도 아이와 함께 하는 좋은 역사 체험이 될 것 같아 꼭 타보고 싶었다.

　상트페테르부르크로 갈 때는 어떤 열차를 타든 상관없이 레닌그라드 역에서 출발한다. 러시아는 기차역과 관련해서 독특한 점이 하나 있는데, 기차역 이름을 출발지가 아니라 도착지 이름으로 짓는다는 것이다. 예를 들면 상트페테르부르크에서 모스크바로 갈 때는 모스크바 역에 가서 타야 하고 핀란드로 갈 때는 핀란드 역으로 가야 한다. 그래서 상트페테르부르크에는 상트페테르부르크 역이 없고 모스크바에는 모스크바 역이 없다. 그런데 모스크바에서 상트페테르부르크로 가는 기차역 이름은 상트페테르부르크 역이 아닌 레닌그라드 역이다. 그것은 상트페테르부르크의 옛 이름이 레닌그라드였기 때문이다. 아직도 레닌그라드라는 이름을 쓰는 이유는 아마도 제정 러시아의 수도였던 영화를 잊고 싶지 않은 러시아인들의 향수 때문이 아닐까? 재미있게도 모스크바 행 붉은 화살호는 상트페테르부르크를 출발할 때 라인홀트 글리에르('적기훈장'과 '인민예술가상'을 받은 소비에트의 대표적인 음악가)가 작곡한 〈위대한 도시 찬가〉를 꼭 틀어준다고 한다. '위대한 도시'란 바로 상트페테르부르크를 말하는데, 이 곡은 2003년부터 '상트페테르부르크 찬가'로 공식 지정됐다.

러시아에서 가장 인기 있는 열차 중 하나인 붉은 화살호는 내 인생의 기차여행에 있어서도 가장 호화로운 경험이 될 줄 알았다. 붉은 화살호의 첫 인상은 영화 〈안나 카레니나〉를 연상시키는 모습이다. 개통 당시에는 화살처럼 빠르다고 느껴서 붙인 이름인지 모르지만, 우리가 지난 일주일간 탔던 TSR보다 시설이 좋다고는 할 수 없었다. 다만 붉은 색 양탄자와 문양이 새겨진 실크 커튼이 우리를 화려한 과거로 데리고 가는 듯했으며, 승무원들 또한 과거 공산당 간부라도 모시듯 서비스에 정성을 다했다. 이들은 열차가 상트페테르부르크에 도착하면 담당 객차 앞에 일렬로 서서 승객들에게 인사를 하는데 그 멋진 광경을 놓치면 안

된다고 한다.

　붉은 화살호 내부는 TSR 쿠페와 똑같은 구조와 모습이다. 침대를 끼고 객차 한가운데 있는 테이블에 신문과 커피, 빵 그리고 실내화가 놓여 있다. 우리와 같은 객실을 쓴 사람은 프랑스인 할머니와 손자 바티스투였다. 그런데 할머니의 코골이가 상상을 초월할 정도로 심했다. 내 주변에도 코를 심하게 고는 후배가 있다. 여럿이 함께 놀러 가면 본인이 코 고는 소리 때문에 다른 사람들이 잠을 못 잘까봐 마당에서 따로 잘 정도였다. 그 후로 이렇게 코를 심하게

고는 사람은 처음 봤다. 현명이가 "아빠, 저 할머니 베개에 물파스 몇 방울 뿌려야겠어"라고 호소할 정도였다. 정말 그러고 싶은 마음이 굴뚝같았다. 나는 준비해간 수면제라도 먹으면 되지만 아들의 잠 못 드는 밤이 걱정이었다.

　뒤척이다가 바티스투와 이야기를 나눴는데, 그에게서 모스크바의 물가에 대해 들을 수 있었다. 현재 모스크바에 살고 있는 유학생 바티

스투는 다 쓰러질 것 같은 방 2개짜리 아파트 월세로 7만 루블(약 120만 원)을 낸다고 했다. 빵이나 고기가 조금 저렴한 것 빼고는 물가가 매우 비싸다며, 특히 러시아의 급여 수준을 감안하면 살인적인 물가라는 얘기였다. 사정은 상트페테르부르크도 마찬가지여서 원룸 아파트 월세가 평균 3~4만 루블, 방 2개짜리는 4~5만 루블 정도이며 처음에 월세 3달 치를 보증금으로 낸다고 했다. 러시아나 한국이나 대학을 졸업하기까지 돈이 참 많이 드는 것 같았다.

하루 한 대, 밤 11시 55분에 출발하는 붉은 화살호가 상트페테르부르크까지 가는 데 걸리는 시간은 7시간 정도. 이제 푹 자고 일어나면 상트페테르부르크에 도착해 있을 것이다. 모스크바에서 상트페테르부르크를 달리는 붉은 화살호에서 우리는 또 한 번 고단한 하루를 위로받고 있었다.

고풍적인 아름다움,
상트페테르부르크

모스크바에서 북서쪽으로 715㎞ 떨어진 곳, 러시아에서 두 번째로 큰 도시이자 최대 무역항인 상트페테르부르크는 과연 '물과 다리의 도시'였다. 네바 강 하구 일대의 수많은 섬과 운하를 연결하는 다리가 400여 개나 되어 '북방의 베네치아'라는 별칭도 갖고 있다.

'서유럽으로 가는 통로'라는 또 다른 호칭에 걸맞게 러시아에서 가장 유럽풍의 도시이기도 하다. 유럽과 더 가까운 덕분에 도시 발달과 함께 유럽 문화를 수용하며 발전한 곳이기 때문이다. 이름만 해도 '부르크'는 독일어로 도시라는 뜻이며 '페테르'는 표트르 대제의 서구식 발음이다. 짐작할 수 있듯이 이 도시가 발달하기 시작한 것은 18세기 표트르 대제가 이곳을 군사·교통 요충지로 삼고자 도시 계획을 세우면서부터다.

표트르 대제의 업적을 기리기 위해 세운, 네바 강변 공원에 있는 청동 기마상에는 푸시킨이 적은 이런 문구가 있다. "유럽을 향한 창문을 열고 바다에 튼튼한 두 발을 딛으라." 결국 상트페테르부르크는 러시아가 두 발을 디디고 앞으로 영원히 살아갈 도시라는 의미를 담고 있다.

도시 개발 당시, 들인 노역도 엄청났다고 한다. 원래 사람이 거의 살지 않는 습지에 돌을 쏟아부어 메워야 했기 때문이다. 어마어마한 양의 돌이 필요했던 표트르 대제는 모든 선박과 사람들에게 돌을 가져오도록 칙령을 내렸다고 한다. 상트페테르부르크를 걸어 다니다 보면 느낄 수 있는 고전적이고 육중한 분위기는 바로 이로부터 비롯된다는 걸 나중에야 알았다. 모스크바가 현대식 아스팔트와 규모를 대표하는 도시라면, 상트페테르부르크는 돌을 깔아 만든 길바닥과 바로크, 신고전주의 건축에서 우러나오는 예술적 감성이 가득한 도시가 아닌가 싶다.

상트페테르부르크의 오후는 빛이 가득하다. 그 포근한 빛의 옷을 입은 도시는 더욱 아름다운 황금빛을 발한다. 모스크바의 웅장함과는 또 다른 고풍적인 멋이 있는 곳. 사진을 찍는 입장에서 상트페테르부르크는 구도나 노출이 안 맞는 사진조차 아름답게 느껴지는 그런 곳이다. 그만큼 그림 같은 멋이 있다. 예술성이나 아름다운 풍경으로 여행지의 우열을 가린다면 도저히 이 도시를 좋아하지 않을 수 없을 것이다. 상트페테르부르크를 거닐던 처음 얼마간은 '우와' 하는 감탄사 밖에는 아무 말도 할 수 없었다. 이래서 상트페테르부르크를 좋아하는 사람은 상트페테르부르크에만 온다고 하는가 보다.

상트페테르부르크를 가로지르는 네바 강의 고고한 아름다움에도 반했다. 강에서 불어오는 바람과 눈부신 햇살이 한가로운 느낌을 준다. 파란 여름 하늘과 푸른 강의 서늘한 조화. 번화가인 아르바트 거리뿐만 아니라 모든 거리와 길목에 넘치는 생동감. 내리쬐는 햇살이 따가웠지만 사람들은 일 년에 한 달 반밖에 되지 않는 이런 날씨를 즐긴다. 기나긴 겨울이 가까워오기 전에 즐기는 것이라 더욱 화려하고도 아쉬운 여름. 이 기간만큼은 어떤 명절보다도 들뜨는 상트페테르부르크다.

숙소 창밖이 아직 환했지만 샤워를 하고 나오니 졸린 고양이처럼 몸이 한없이 늘어졌다. 체크인을 하려고 들어온 포르투갈 가족 여행객들의 들뜬 목소리도 전혀 소란스럽게 느껴지지 않았다. 거실 소파에 반

러시아 구해군성

쯤 기대고 앉아 음악을 들으며 졸고 있었다. 현명이는 빨리 시내로 나가보자고 했지만 이런 나른함을 좀 더 즐기고 싶었다. 아무것도 하지 않았건만, 새롭게 충전되는 기분이었다. 이런 기분으로 구름처럼 흘러 다니며 여유롭고 느리게 여행하고 싶었다. 그러나 내 맘과 달리 아들은 여유를 즐기지 못하고 나가버렸다. 아마 멀리가지는 못하고 근처에서 강을 바라보고 있을 것이다. 아들을 달래러 나가봐야겠지만 아쉽다. 하긴 이런 느림의 미학과 여유를 즐기기엔 아직 어린 아이다. 하지만 더스틴 테버트의 졸린 듯 흐르는 곡 <더 브리치The Breach>가 참 좋다. 이 노래가 참 좋다. 나중에 한국에 돌아가 다시 듣는다면 상트페테르부르크에서 즐긴 이 달콤한 여유로움이 떠오르리라.

에르미타주박물관 신관(제너럴 스태프 빌딩) 입구

아름다운 도시 ——————
상트페테르부르크의 이모저모

에르미타주박물관 등
고풍미 넘치는 관광 명소들로 유명해

  2003년 건립 300주년을 맞은 상트페테르부르크는 유럽에서 가장 아름다운 도시를 만들겠다는 표트르 대제의 야심대로 고풍미가 물씬 풍겨나는 도시이다. 유네스코는 러시아 역사의 생생한 현장이었던 상트페테르부르크의 바로크, 신고전주의 건축물들(상트페테르부르크 역사지구와 관련 기념물군)을 세계문화유산으로 보호하고 있다.

  상트페테르부르크는 모스크바 역 인근에서부터 궁전광장까지 이어지는 넵스키 대로 주변에 명소가 많이 몰려 있어, 이 대로를 중심으로 여행하게 된다.

에르미타주박물관

  궁전광장은 유럽에서 가장 큰 궁전 중 하나인 겨울궁전이 있는 곳으로, 에르미타주박물관이 함께 자리하고 있다. 프랑스 루브르박물관, 영국 대영박물관과 함께 '세계

3대 박물관' 중 하나로 꼽히는 에르미타주박물관은 표트르 대제 이후 가장 강력한 군주이자 러시아 문화예술 발전을 이끈 예카테리나 2세가 미술품들을 구입하고 이를 보관하기 위해 지은 궁전 별관이었다고 한다. 루브르박물관이나 대영박물관이 다른 나라에서 탈취한 유물이나 전리품으로 꾸며진 데 반해, 에르미타주박물관은 예술 애호가들의 수집품과 기증품들로 이루어진 것이 특징이다. 레오나르도 다빈치, 렘브란트, 루벤스, 피카소, 마티스 등의 작품이 소장돼 있다.

에르미타주박물관 내부

궁전광장에서 바라다 보이는 궁전다리는 네바 강 건너편 바실리 섬을 잇는 다리이다. 자정이 넘으면 커다란 선박이 지나갈 수 있도록 다리가 열리는데 이를 보려고 늦은 밤까지 많은 구경객이 몰리곤 한다. 바실리 섬은 상트페테르부르크에 있는 42개의 섬 중 가장 큰 섬으로, 과거 상트페테르부르크에서 가장 중요한 항구 역할을 했으며 주요 교육 기관이 자리를 잡아 자연스럽게 '교육 특구'가 된 지역이다.

성 이삭성당

그 밖에 프랑스 건축가 몽페랑이 지은 러시아 최대 정교회 건물 성 이삭성당, 러시아의 대표적인 이콘성화상 '카잔의 성모상'이 있는 카잔대성당, 이 성당 맞은편에 있는 아르누보 양식의 돔 끄니기 서점, 그리고 모스크바의 성 바실리대성당을 꼭닮은 피의 구세주성당도 지나칠 수 없는 명소다.

반면 상트페테르부르크 외곽 핀란드 만이 보이는 곳에는 호화로운 여름궁전이 있다. 도시 건립 당시 표트르 대제가 연회 장소로 쓰기 위해 지은 궁전으로, 러시아 제국의 위엄과 황제의 권위를 드러내기 위해 유럽에서 가장 크고 화려한 베르사유 궁전을 뛰어넘도록 지시했다고 한다. 이 여름궁전에는 사자의 입을 찢는 삼손 분수가 있는데, 20미터까지 물을 뿜어 올리는 장관으로 유명하다.

카잔대성당(왼쪽), 여름궁전(오른쪽)

백조처럼 우아하고
히피처럼 자유로운

　러시아 문화에서 빼놓을 수 없는 것이 발레다. 발레는 다른 귀족적인 춤과 함께 러시아에 들어왔다. 1734년 발레학교가 세워지고 이를 계기로 러시아 발레가 발전하여 서유럽 발레에까지 다시 영향을 미치게 되었다.

　상트페테르부르크에 있는 알렉산드린스키 극장은 러시아에서 가장 오래된 국립극장이다. 우리나라에도 잘 알려진 볼쇼이와 마린스키 발레단은 여름엔 휴가를 가기 때문에 우리가 볼 수 있는 공연이 알렉산드린스키 공연뿐이었다. 그마저도 이 극장의 올 여름 마지막 공연이었다.

　드디어 공연을 보러 가는 길. 하지만 공연 시간에 임박해 도착한 곳은 알렉산드린스키 극장이 아닌, 미하일로프스키 극장이었다. 미하일로프스키 극장 매니저는 러시아어 억양이 강한 영어로 '시간이 늦어서 공연 시간에 맞춰갈 수 없을 것'이라고 말했다. 이번 러시아 여행에서 꼭 하고 싶었던 한 가지를 못 하게 된다는 청천벽력 같은 소리였다. 하지만 망설일 시간조차 없었다. 구글 지도로 확인하니 달려가면 충분히 시간을 맞출 수 있을 것 같았다. 아들에게 뛰어야 한다고 하니, 걱정 말라며

발레를 보기 위해 찾은 알렉산드린스키 극장에서

쏜살 같이 달리는 녀석. 바람처럼 달려 겨우 도착했다. 숨이 턱까지 차오르고 몸이 땀에 흠뻑 젖었지만 본고장에서 발레를 보기 위해서라면 기꺼이 감수할 일이다. 언젠가는 이마저도 잊지 못할 아들과의 소중한 추억이고 기억이다.

발레 공연을 보러 갈 때 러시아 사람들은 잘 갖춰진 정장 차림 즉 '드레스 업dress-up'을 하고 간다. 여름을 제외하고 옷차림이 두꺼워지는 계절에는 공연장 입구 옷 맡기는 곳에 외투를 맡기고 입장한다. 외투나 신발은 더럽다고 생각해서 공연장에는 가능한 들이지 않는다는 것이다. 유명한 극장에서는 외투를 맡기지 않고 입장하려 하면 좌석을 안내하는 직원이 제지하거나 맡기고 오라고 돌려보내기도 한다. 우리 같은 관광객들은 편한 차림으로 갈 수도 있겠지만 민망함을 감수해야 한다. 러시아 사람들은 드레스까지는 아니어도 한껏 치장하고 옷차림에 신경을 쓰기 때문에, 두꺼운 외투를 벗으면 멋진 의상이 드러나고 부츠도 벗어서 맡기며 심지어 가져온 힐로 갈아 신는 사람도 많다고 한다.

이런 정보를 알고 있는데, 아무렇게나 입고 갈 수는 없는 일이었다. 더구나 발레의 본고장인 러시아, 거기서도 가장 오랜 역사를 자랑하는 알렉산드린스키 극장의 공연이라면 복장에 신경을 쓰는 것이 당연했다. 러시아에 오기 전에 발레 공연장에 갈 때 필요한 준비물을 몇 가지 챙겼는데, 그중 하나가 나비넥타이라고 부르는 보우타이bow tie였다. 현명이와 나란히 청바지와 청색 셔츠를 입고 보우타이까지 매자 준비된 관람객으로 변신했다. 드레스 코드를 맞춘 우리 부자의 모습은 공연장 내에서도 단연 튀었다. 복장을 통일하자는 제안에 선뜻 동의하고 따라준 아들이 기특했다. '황제석'으로 불리는 중앙 좌석에는 머리부터 발끝까지 완벽하게 꾸민 공주와 왕자들이 앉아 있었다. 무심한 손 글씨로 좌석 번호를 써준 입장권 역시 러시아답다고 생각했다.

〈백조의 호수〉를 기다리는 시간은 참으로 긴장됐다. 러시아에서 가장 오래된 국립극장에서 난생 처음 보는 발레라니. 1700년대 세워진 극장의 웅장함과 예술의 향기가 물씬 풍기는 분위기는 말로 설명하기 어려울 만큼 압도적인 느낌이었다. 좌석을 가득 메운 관객들은 익숙한 듯 오케스트라의 음 고르기에 귀를 기울이며 조용히 공연을 기다렸다. 드디어 백조들의 공연이 시작됐다.

〈백조의 호수〉는 콜레라에 걸려 죽은 차이콥스키가 남긴 3개의 발레곡 중 하나다. 1877년 초연 이후 세계 발레공연의 필수 레퍼토리가 될 만큼 유명한 작품. 우아하고 환상적인 곡을 만들던 음악가에게 어울리지 않는 죽음이었지만, 알렉산드린스키 극장 입구에 놓인 작품 설명서에 쓰여 있는 것처럼 차이콥스키가 최고의 음악가라는 사실은 누구도 부정할 수 없을 것이다. 무용수들이 발끝으로 중력을 이기는 모습을 보며 '얼마나 아플까?' 하고 걱정하는 나 스스로가 우습기도 했지만, 토슈즈 속에 감춰진 굳은 살 박힌 그들의 발이 내내 머릿속을 맴돌았다. 역시 위대한 예술은 낯선 이방인에게도 경탄을 불러일으킨다.

저녁 식사와 맞바꾼 이 공연의 내용을 전부 이해하지는 못했지만 공연 자체로 아름다웠으며, 세계적인 발레리나나 발레리노들의 동작은 정확하고 우아했다. 현명이는 잘 보다가 엎드려 있기도 했지만 그래도 중간에 나가자는 소리 않고 끝까지 감상했다.

공연이 끝나자 관객들은 기립박수를 쳤다. 오로지 한 길만을 고집스럽게 달려가는 장인들에게 바치는 존경의 표현이랄까. 관객들을 따라 일어서서 박수치는 아들을 보며, 앞으로도 이 아이가 살아가며 기립박수 칠 일을 많이 만나게 되기를 빌었다. 장인을 만나는 자리에 있다는 건 그만큼 문화적 풍요를 즐기고 있다는 뜻일 테니까. 발레의 본고장 러시아가 아들에게 또 하나의 멋진 미래를 그리게 해줬다.

공연을 보고 나오자 거리는 이미 어둑어둑해졌고 배까지 고팠다. 한참 클 나이의 남자 아이가 밤 9시가 넘는 시간까지 밥도 못 먹었으니, 그 자체로 고문이었을 것이다. 그러나 아들은 배고프다고 투덜대는 대신 공연을 보고 난 감동의 여운을 지우지 못하고 있었다. 배고픈 소크라테스가 따로 없었다. 숙소로 돌아오는 길에 다양한 거리공연이 펼쳐지고 있었다. 거리를 가득 채우는 음악 소리에 이끌려 우리도 사람들 틈을 비집고 들어가 버스킹도 구경했다. 부기우기 음악이 흘러나오자 사람들은 너 나 할 것 없이 어울려 즐겼다. 다른 사람 눈치 보지 않고 흥이 나면 춤을 추고 행복하면 웃었다. 그 모습이 너무나 자유롭고 좋아보였다. 춤추던 아내가 건네는 핸드백을 무심히 받아드는 남편의 모습에 빙그레 웃음이 나왔다. 나도 춤을 추고 싶었는데, 이런 내 마음을 귀신 같이 알아챈 아들이 "아빠, 춤은 안돼!" 하고 선수를 친다. 한참 예민할 나이의 아들이 느낄 부끄러움은 이해하지만, 알고 보면 아빠도 하고 싶은 게 많은 사람인데 아쉽다. 게다가 여기는 자유로운 문화의 도시 상트페테르부르크가 아닌가.

상트페테르부르크는 모스크바와는 다른 뭔가가 있다. 거리 분위기도 다르고, 서유럽에 가까워서 그런지 러시아보다는 유럽 대륙 한가운데 온 듯한 기분이 들었다. 길거리에서 마주치는 여자들도 키가 놀랍도

록 크고 다리도 거짓말처럼 길었다. 세련되고 과감한 패션 감각도 매력적이었다. 상트페테르부르크의 번화가 넵스키 대로가 마치 늘씬한 모델들로 가득한 런웨이 같았다. 공연장에 갈 때는 엄격하게 드레스 코드를 지킨다는 러시아 사람들이지만, 평소엔 한없이 자유로운 멋쟁이들이다. 다양한 옷차림만 봐도 다른 사람 눈은 신경 쓰지 않고 본인이 입고 싶은 옷을 코디해서 입는 것을 알 수 있다. 심지어 길에 누우면 노숙자인 줄 알 것 같은 옷차림을 하고도 만족스러운 듯 유쾌한 표정이다. 현명이는 "아빠는 왜 길가는 여자들만 봐?"라고 잔소리를 했지만, 나는 여자들을 흘끔거린 게 아니라 그들의 자유분방함을 엿보고 있던 것이다. 장대한 스케일에 이런 자유로움이 더해져 만들어진 나라, 바로 러시아가 아닐까 싶다.

상트페테르부르크를
그리다

    상트페테르부르크에서 스케치하는 사람들을 만나기로 한 날이 밝았다. 눈을 떠보니 새벽 4시 42분. 'USK^{Urban Sketch} 상트' 멤버들을 만나기 전까지 느긋하게 자려고 했는데 저절로 깨버린 것이다. 이 설레는 기분은 마치 두근거리는 가슴을 누르고 사랑 고백을 하러 갈 때의 심정과 비슷할 것이다. 소풍을 기다리며 비가 오지 않기를 바라는 아이의 심정으로 날씨부터 살폈다. USK 상트 멤버들에게 줄 선물 포장을 뜯어 스티커를 붙일 때쯤 현명이도 잠에서 깼다. 같이 준비하자는 말에 두말없이 1층으로 내려와 우리 둘의 얼굴이 인쇄된 스티커를 부채에 붙였다. 현명이도 은근히 오늘의 만남이 기대되는 모양이었다.

    현명이에게 USK 상트 멤버들과 만나기 전에 연습 삼아 그림 한 장 그려보자고 했지만 자기는 현장에서 바로 그리겠단다. 사진을 보고 그린 모스크바 대학본부를 실제와 비교해 보며 자신감을 얻었던 것 같다. 아이의 그런 용기와 배짱이 부러운 한편, 나중에 이 여행이 어떤 식으로든 아이의 삶에 양분이 되어 줄 거라는 믿음이 들었다. 아이들은 강요 대신 믿고 기다려 주는 만큼 쑥쑥 자란다는 믿음도.

거리를 가다가, 공원을 걷다가, 골목길을 돌아서다가도 마주하게 된
다. 마치 거리의 나침반이자 도시의 등대처럼 피의 구세주성당이 거기
있었다. 이런 스타일의 건물들이야 러시아에서 워낙 많이 봐왔지만 상
트페테르부르크에서 보는 것은 뭔가 달랐다. 화려한 겉모습과 내부에
빼곡하게 그려진 성화, 아름다운 문양, 거대한 홀 등 어느 것 하나 시선
을 끌지 않는 것이 없었다. 러시아 정교회 성당은 종교적 의미를 넘어
이미 예술작품임을 증명한다고나 할까. 단아함과 장중함을 모두 갖춘

USK 상트 멤버들과 함께 각자 그린 그림을 펼쳐 보이고 있다.

피의 구세주성당은 러시아에서 본 성당 중 단연 최고의 성당이자 건축물이었다.

성당이 한눈에 들어와 반가운 마음에 막 뛰어갔다. 중앙 탑이 하얀 포장을 덮은 채 보수공사를 하고 있어서 완전한 모습을 보지 못한 것은 아쉬웠지만, 영국의 빅밴처럼 대대적 보수공사로 출입조차 막는 것은 아니어서 그나마 다행이었다. 어서 빨리 공사가 완료돼 예전의 모습을 되찾을 즈음 다시 한 번 가보고 싶다.

성당을 그리려고 관찰을 시작했다. 현명이는 스케치를 어떻게 하는 것인지 배운 적이 없는데도 한 치의 망설임도 없이 그려나갔다. 주눅이 들기는커녕 수많은 관광객들 사이에 자리를 잡고 앉아 미술도구를 펼쳐 놓고 그렸다. 펜을 들면 그림이 떠오른다더니 진짜 그런 모양이다. 현명이는 밑그림도 없이 아랫단부터 쌓아 올리듯 피의 구세주성당을 그려나갔다. 나는 꽤 오랫동안 성당을 노려보기만 했다. 하지만 어떻게 그릴지 고민하지는 않았다. 그 자리에 있는 것만으로도 행복했으니까. 아들과 많은 여행을 했지만 가장 기억에 남는 순간으로 기억될 것 같았다. "아빠, 이 앞에 빈 통을 놓으면 돈 좀 모일까?"라고 말하는 아들은 그 순간을 온전히 즐기는 것이리라. 그림 그리게 하기를 잘 했구나 싶었다. 그림이 완성돼 갈수록 지나가던 발걸음을 멈추고 들여다보는 사람이 많아졌고 사진을 찍거나 현명이에게 이야기를 건네는 사람도 있었다. 현명이도 자신의 그림이 마음에 드는지 "내가 봐도 진짜 잘 그렸네" 하

상트페테르부르크의 명물이자, USK 상트 멤버들이
우리 부자를 위해 스케치 장소로 선정한 피의 구세주성당

며 자찬했고 나도 진심으로 칭찬해주었다. 아들과 외국의 현지인들 사이에 섞여 스케치하는 순간이 내 인생에 실재할 줄은 상상도 못했고 그것이 실현되는 순간이었다.

그림 그리기를 마치고, 드디어 USK 상트 멤버들과 모였다. 이들의 얼굴을 몰라 준비해 간 'USK 서울' 깃발을 조심스레 흔들고 다니며 흩어져서 그림을 그리고 있던 멤버들을 찾아냈다. 그들은 우리 부자를 보자 매우 반가워했다. "만나서 반가워. 그런데 러시아는 처음이야?" "어디를 가봤어?" "러시아에 와 보니까 어때?" "여기선 얼마나 머물 거야?" 등 수많은 질문이 쏟아졌다. 나는 현명이와 시베리아 횡단열차를 타고 바이칼 호수와 이르쿠츠크, 모스크바를 거쳐 온 이야기를 풀어냈다. "일주일 동안 제대로 씻지도 못하고 양치질도 못 했어"라고 했더니 다들 재미있다며 웃는다.

이들은 현명이의 그림을 보며 놀라워했다. 피의 구세주성당 그림을 보더니, 흔들리는 기차 안에서 두 번 그려본 데 이어 세 번째 그린 그림이라는 걸 믿으려 하지 않았다. 그들 중 한 명이 이 만남을 페이스북 라이브 방송을 통해 실시간으로 중계했는데, 마치 우리가 유명인사라도 된 것 같았다. 멀리 상트페테르부르크까지 와서 자신들과 함께 그림 그린 우리가 대단하다고 생각했는지, 따뜻하게 환대해준다. 서로의 그림을 보고 이야기를 나누며 웃고 즐거워하는 사이 하나가 된 듯, 어색함과

낯섦은 사라지고 없었다. 미술의 힘이었다.

　나중에 듣기로는 USK 상트 멤버들은 한국에서 온 우리 부자를 위해 피의 구세주성당을 모임 장소로 선정했다고 한다. 보통은 스케치 모임 날짜와 장소를 미리 공지하는데, 무슨 까닭인지 우리와 만나기로 한 일 정 공지가 늦어져서 왜 그런가 했더니 장소 선정 때문에 고민이 많았다 는 것이다. 자신들은 이미 수없이 그린 곳이지만, 한국에서 온 아빠와 아들이 그리기 좋으면서도 러시아와 상트페테르부르크를 대표할 만한 곳으로 고심 끝에 피의 구세주성당을 골랐다는 것. 우리는 그런 사정도 모르고 며칠 전까지도 연락이 없길래 '못 만나겠구나' 싶었는데, 이런 따 뜻한 배려가 숨어 있었을 줄이야.

Спас на крови
28.07.2018
2018
이강

지나가던 아주머니가 피의 구세주성당이라고 써준 그림(왼쪽)

우리는 각자 그린 그림을 바닥에 모아놓고 빙 둘러서서 어깨동무를 하고 밑에서 위를 향해 사진을 찍었는데 제법 멋진 사진이 나왔다. 그림을 그리고 나면 꼭 다 같이 사진을 찍는 것이 USK 상트의 전통 같은 것이라고 했다. 한국에 있을 때 이들이 올린 인스타그램에서도 본 적 있는데, 내가 그런 사진 속 주인공이 되다니. 이 사진은 나중에 USK 상트 인스타그램에 '한국과 러시아 스케처들의 교류'란 제목으로 올라갔다.

다 같이 피의 구세주성당에서 에르미타주박물관으로 이동해 신관^{제너럴 스태프 빌딩} 뒤편 광장에서 두 번째 스케치를 시작했다. 한참 그리고 있을 때, 환하게 웃는 모습이 인상적인 나디야가 커피를 들고 왔다. 뭘 먹겠냐고 물어서 아메리카노라고 대답했는데 에스프레소를 사왔다. 잘

고아진 한약 같은 맛이 났지만 그것도 재밌었다. "한국은 어떤 커피가 유명해? 스타벅스도 있어?"라고 묻길래 그렇다고 했더니 자신들은 스타벅스에 가는 사람은 촌스럽다고 생각한다는 것이다. 길 건너편에 100년이 넘는 오래된 카페가 있는데 거기 커피를 마셔야 '트렌디하다'는 소리를 듣는단다. 대중 취향의 프랜차이즈보다 역사와 전통을 이어온 노포의 고유한 맛을 찾는 것. 그것을 진정한 멋과 개성으로 아는 러시아인들이다. 하지만 최근 러시아에서도 토종 프랜차이즈 업체들의 매출이 눈에 띄게 증가하고 점포 숫자도 빠르게 늘고 있다고 한다. 특히 패스트푸드 업종의 발전이 두드러진다고. 이는 현재 러시아가 처한 대내외 경제 상황과 맞물려 있으며 지난해 러시아 식품 물가 상승률이 12.6%를 기록하는 등 물가 불안이 지속되고 있다는 얘기였다. 직업이 마케터라는 안나는 상트페테르부르크의 프랜차이즈 업계에 대해 설명하며 러시아의 현재를 알게 해줬다. 안나는 완성된 자신의 그림에 우리 부자의 얼굴 스티커를 붙이고 스케치 북에 내 이름을 써달라고 했다. 그리고 그걸 다시 라이브 방송으로 많은 이들과 공유했다. 내 스케치 북에도 광장 이름과 주소 그리고 안나 이름을 적었다.

어느덧 작별의 시간이 왔다. 기념으로 준비해간 부채를 선물하자 다들 좋아했다. 우리 얼굴이 인쇄된 스티커가 붙어 있어서 더욱 좋아하는 것 같았다. 직업 화가인 레나는 내년에 아들과 같이 한국에 꼭 오겠다고 했다. 상트페테르부르크는 서유럽 국가들과도 멀지 않아 USK 상트 멤버들은 다른 나라로 그림 여행을 떠나기도 한단다. 추운 겨울에는 따뜻한 포르투갈이나 뜨거운 두바이까지 가기도 한다고. 이들에게 그림 그리러 한국에 온다면 언제든 대환영이라고 말해주었다. 혹은 먼 훗날 다른 나라에 가서 같이 스케치하는 것도 좋을 것 같다고 덧붙였다. 아쉬운 마음으로 한 사람 한 사람과 포옹하며 석별의 정을 나눴다.

USK 상트 멤버들을 만나고 돌아오는 길, 외교란 거창한 것이 아니라는 생각이 들었다. 꼭 한류 스타나 스포츠 스타만 국위 선양을 하란 법도 없다. 각자가 가진 재능을 나누고 마음을 나누고 소통하는 장을 펼치는 것. 여행 떠나는 길 위의 나그네들도 할 수 있는 민간외교이자 국제 교류이다. 현명이가 "정말 재밌었어, 아빠. 생각보다 훨씬 멋져."라며 슬며시 팔짱을 꼈다. 이런 경험을 하게 해준 아빠에 대한 고마움의 표현이라는 걸 알 수 있었다. 아무 것도 안 하고 그림만 그렸어도 행복하고 꽉 찬 하루. 유난히 더운, 상트페테르부르크의 어느 여름 한 나절의 기억이다.

에르미타주박물관 신관(제너럴 스태프 빌딩) 뒤편
광장을 스케치한 현명이 그림

БОЛЬШАЯ МОРСКАЯ УЛИЦА, САНКТ-ПЕТЕРБУРГ
АННА-МАРИЯ БАЗАКОВА 28.07.2018

소설이 현실이 되는
마법의 시간

　상트페테르부르크는 수많은 예술가를 배출했지만 그중에서도 '도스토옙스키의 도시'라 불릴 만큼 그와 관련된 흔적이 많이 남아 있다. 도스토옙스키는 청소년기부터 줄곧 상트페테르부르크^{당시 '페테르부르크'}에서 살았기 때문에 소설의 무대 역시 이곳인 경우가 많기 때문이다. 그래서 상트페테르부르크 여행자 중에는 『죄와 벌』의 배경이 된 장소를 찾아다니는 '문학 기행자'들도 많다. 현명이와 나도 주인공 라스콜니코프의 집과 소냐의 집, 전당포 노파의 집 등 이 작품의 배경지를 찾아가보기로 했다.

　시베리아 횡단열차에서 만난 러시아인들은 우리가 『죄와 벌』의 흔적을 따라가 볼 거라고 하면 "그 책을 정말 다 봤어?" "아들도 함께 읽었다고?" 하며 놀라곤 했다. 가져간 한국어판 책과 푸시킨의 시집을 꺼내 보여주자 엄지손가락을 치켜 올리기도 했다. 이들의 문화적 자부심의 근간이 되는 러시아 문학이 우리에게는 어떤 의미로 다가올지, 유서 깊은 이 도시의 거리 곳곳에서 확인하게 되리라.

　소설이 현실이 되는 마법의 시간. 7월 29일, 도스토옙스키의 흔적을

「죄와 벌」에 나오는 주인공 라스콜니코프의 집

따라가 보기로 한 이 날은 마침 러시아 해군의 날Navy Day이었다. 상트페테르부르크를 관통하는 네바 강에는 최신 항공모함과 구축함이 떠있고 하늘에서는 전투 헬기가 둥둥거리며 날고 있었다. 세계 최대 규모의 핵 잠수함인 드미트리 돈스코이 함도 위용을 과시했는데, 지역 신문 보도에 따르면 올해로 해군 창설 322주년을 맞은 러시아가 소련 붕괴 이후 최대 규모의 행사를 했다는 것이다. 크림 반도와 시리아 연안 해역에서도 일제히 군사 퍼레이드를 했다고 한다. 푸틴 대통령은 매년 7월 마지막 주 일요일에 해군의 날 행사를 정례화하도록 했고, 우리는 운 좋게 군사 강국 러시아의 저력을 두 눈으로 직접 확인할 수 있었다.

숙소에서 자전거를 빌려 타고 최대 번화가인 넵스키 대로로 나갔다. 거리는 몰려든 인파로 가득했다. 러시아 해군은 미국 다음으로 막강한 해군력을 자랑하며, 태평양함대와 흑해함대는 러시아 국민들의 자존심 같은 존재라고 한다. 네이비 데이는 모든 시민이 어우러져 즐기는 축제날 같았다. 지금도 소련 공산주의 시절을 그리워하는 사람들이 많다는데, 양손에 국기와 해군기를 흔들며 걷는 남자들, 코스튬 복장을 하고 즐겁게 웃고 떠드는 여학생들, 해군 정모 스타일의 모자를 쓰고 사진을 찍는 아이들 모두 과거의 영화를 떠올리며 전승의 순간을 잊지 않겠다는 듯 얼굴에 자부심이 서려 있는 듯했다.

해군의 날에는 상트페테르부르크의 발상지와도 같은 강 건너편 페트로파블로프스크 요새(네바 강 삼각주 토끼섬에 위치한 요새. 상트페테르부르크를 건설한 표트르 대제가 세웠다)로 가는 모든 도로와 다리가 통제됐다. 커다란 트럭들이 아예 다리 앞을 가로 막아서서 도로는 원래부터 차가 없었던 듯 적막했다. 마치 한국에서 온 아빠와 아들만을 위해 온 도시를 텅 비워준 듯한 착각이 들 정도였다. 우리는 페달을 밟으며 바람을 가르고 신나게 달렸다. 거리의 시민들이 러시아의 국력을 과시하며 미래를 향해 행진하고 있었다면, 우리를 러시아를 받치고 있는 문화와 예술의 성지를 찾아가고 있었다.

넵스키 대로에서 남서쪽으로 내려가면 만나게 되는 센나야 광장은 『죄와 벌』의 중심 무대이다. 도스토옙스키가 소설을 쓸 당시에는 선술집이 늘어서 있는 빈민가였다는데, 지금은 말끔히 정비되어 옛 모습을 찾기는 어려웠다. 지하철 센나야 역 근처의 전통시장에서는 쇠고기 등심 1kg을 500루블(약 8천8백 원) 정도에 판다. 어떤 사람은 한우보다 맛있다고 할 정도로 육질이 좋단다. 우리는 잠시 자전거를 멈추고 책을 펼쳐보며 라스콜니코프가 빠르게 지나갔을 광장을 물끄러미 바라봤다. 『죄와 벌』의 첫 문장처럼 과연 "숨 막힐 듯 무더운 7월"이었다.

광장에서 조금 더 가면 코쿠시킨 다리가 나오고, 이 다리를 건너면 스톨랴르니 골목이 나오는데, 소설에 각각 'K다리'와 'S골목'으로 묘사되는 곳의 실제 지명이다. 이 골목에 '소냐의 집'과 '라스콜니코프의 집', 도스토옙스키가 『죄와 벌』을 집필할 때 살던 아파트가 있다. 그리고 다리 방향에서 운하를 따라 내려가면 소설 속 '전당포 노파'가 살았을 것으로 추정되는 곳이 나온다.

센나야 광장에서 스톨랴르니 골목까지 『죄와 벌』 배경지 따라가기를 하는 중에 만난 도스토옙스키 문학 동호회 사람들의 진지한 표정이 인상적이었다. 그들은 소설 1부에 나오는 전당포 건물 앞에 모여 가이드의 이야기를 듣고 있었다. 손에 『죄와 벌』을 든 가이드는 소설에 대해 해설하고 있는 듯했다. 우리도 같이 들으면 좋으련만, 러시아 말을 알아들을 수 없어 아쉬운 마음으로 돌아섰다. 현지어를 알면 여행에서 훨씬 더 많은 것이 보이고 들렸을 것이다. 다른 나라 언어를 안다는 것은 단순히 언어 하나를 더 아는 것에 그치는 것이 아니라 세상을 바라보는 통로가

하나 더 생기고 시야의 폭이 넓어진다는 것을 의미하니까.

사실 『죄와 벌』은 절대 읽기 쉬운 책이 아니다. '19세기의 러시아'라는 낯선 문화를 이해하기란 쉽지 않기 때문이다. 우리 문학도 옛날 작품이면 읽기 어려운데 하물며 러시아 문학이라니. 또한 주인공의 이름이 너무 헷갈렸다. 러시아의 일반적인 이름은 우리처럼 성과 이름만 있는 형태가 아니라 특이하게도 성과 이름 사이에 아버지 이름을 쓴다. '부칭'이라고 하는데 가족에 대한 끈끈한 애착이 느껴지는 대목이다. 주인공 라스콜니코프 역시 '로마니비치', '로쟈'라고도 불려서 온 정신을 집중해 읽을 수밖에 없었다. 아빠랑 러시아 여행 온다고 이런 까다로운 고전을 끝까지 읽은 현명이가 새삼 고맙고 대견했다.

어려운 고전도 아빠와 아들이 함께 읽어 좋았던 것일까. 현명이와 반나절을 라스콜니코프가 되어 그의 동선을 따라다니는 사이, 150년 전 러시아를 배경으로 한 『죄와 벌』은 이제 인쇄된 활자가 아닌 우리 머릿속에서 생생한 현실로 되살아나는 듯했다. 도스토옙스키가 우리에게 말하고 있었다. "나는 선의 소유자인가? 어떠한 것과도 타협하지 않는 고집스런 자랑스러움과 저돌적인 대담성, 그리고 자책이야말로 인간에게 주는 최대의 벌이다"라고. 중학생 아들이 알아도 좋고 몰라도 좋은 깨달음이다.

물론 좋기만 한 것은 아니었다. 사춘기 특유의 반항심과 고집스러운 태도로 부모를 속상하게 할 때도 많은데, 이날도 아들의 어이없는 태도에 기가 막히고 말았다. 『죄와 벌』을 옆에 끼고 한참 건물들을 찾아다니고 있었다. 주인공이 전당포 노파를 죽이고 소냐 집까지 갔던 길을 되짚어 가보자고 하니, 퉁명스럽게 "진짜 있었던 일도 아니고 소설인데 굳이 이 길로 가야 해? 그냥 편한 길로 가면 되지"라고 말하는 것이다. 그냥 지름길로 가자는 얘기였다. 이제까지 즐겁게 잘 다니다가 갑자기 시큰둥하게 돌아서버리는 녀석. 이것이 방황하는 사춘기 아이들의 특징이라는 걸 알면서도 화가 났다. 30도 가까운 날씨에도 무더운 줄 모르고 다녔는데 갑자기 더워진다. 하지만 감정을 가라앉혀본다. '우리 아들은 모순덩어리이자 한없이 엇나가고 싶은, 영락없는 사춘기다. 그걸 잊지 말자.' 그러자 마음이 조금 편해졌다. 다시 웃으며 아들을 봤다.

자전거를 타고 달리며 러시아 시민들을 봤고 러시아 '해군의 날'을 경험했다. 제국을 운영해 본 경험이 현재 러시아의 힘의 바탕이 되었었다는 느낌이 들었다. 이질적인 요소를 포용하고 끌어가는 능력이 결국 다양한 형태의 문화적 발전으로 이어지지 않았을까? 그러므로 상트페테르부르크는 문화의 다양성이 존재하는 멋진 도시가 분명했다. 우리는 그 문화의 하나인 도스토옙스키의 작품으로 오래된 러시아와 만났다.

CHAPTER 6

집으로 가는 길

여행이 우리에게 남긴 것은 무엇일지도 생각해보았다.
피곤해서 쓰러질 것 같은데 잠이 오지 않는 밤도 있다.
아무리 고생스러워도 따뜻한 우리 집으로 다시 돌아갈 것을
알기 때문에 힘들지도, 두렵지도 않았다.

수수한 매력의 그대는
'발트 해의 아가씨'

집으로 돌아갈 시간이다. 상트페테르부르크에서 한국으로 돌아갈 때
는 핀란드를 경유하기로 했다. 지금까지 극동에서부터 시베리아를 거쳐
러시아의 붉은 심장까지 9,000km가 넘는 거리를 이동하며 이 나라만
의 고유한 문화와 역사를 체험했다면, 마지막으로 '현대 유럽'을 대표하
는 러시아의 이웃 나라 핀란드를 보고 싶었기 때문이다.

상트페테르부르크 풀코보 공항에서 짐을 부치고 완전히 맨몸이 됐
다. 핀란드 반타 공항에서 짐을 다시 찾는 줄 알았는데 바로 서울로 보
낸다는 것이다. 남은 것은 작은 가방 하나, 칫솔 두 개, 지도 그리고 부
채가 전부였다. 이제 갈아입을 속옷과 양말도, 샴푸와 면도기도 없다.
영화 〈캐스트 어웨이〉의 주인공 척 놀랜드가 된 것 같았다.

"영어는 내가 아빠보다 잘 하지"라며 영어 실력을 뽐내던 아들은 막
상 짐이 상트페테르부르크에서 바로 한국으로 가는지 핀란드에서 다시
찾을 수 있는지 물어보라고 하자 "그건 어려워. 아빠가 좀 해"라고 미룬
다. 이렇게 허세 많은 녀석이라니. 그동안 아이가 부모에게 선물해 준
기적 같은 사랑을 떠올리며 참고 웃으며 여정을 이끌어왔고 다행히 갈

등이 생겨도 오래지 않아 서운한 마음이 사라졌다.

　반타 공항에서 헬싱키 행 기차를 타는 맛은 또 달랐다. 대학 시절, 경춘선 타고 강촌으로 MT를 가는 기분이었다. 헬싱키 숙소는 조용한 숲 한가운데 덩그러니 서있었다. 들리는 것이라곤 자작나무에 스치는 바람 소리와 새소리뿐. 바람에 앞뒷면을 바꿔가며 팔랑거리는 자작나무 잎은 자연이 만든 카드섹션 같았다. 핀란드 숲속에서 이렇게 또 한 번의 휴가가 시작되고 있었다. 러시아에서 느낀 흥분과 설렘은 잠시 내려놓고 차

헬싱키 역 전경

분해지라고 자연이 다독여주는 것만 같았다.

안타깝게도 숙소 에어컨이 고장이었다. 다른 방에 묵는 사람에게 물었더니, 그 방도 마찬가지라고 했다. 무엇보다 어젯밤에도 덥다고 뒤척이던 현명이가 헬싱키에 와서도 잠을 설칠까 봐 걱정됐다. 여름에도 선선한 헬싱키에서 기온이 30도가 넘어가는 것은 이례적인 일이란다. 이번 여름은 온 세계가 이상 기온에 시달린 탓이다. 하지만 어쩌랴. 이것도 여행의 일부인 것을. 그 와중에도 아이는 와이파이를 연결해 게임을 하고 혼자 밤길을 걸어 공항에 있는 슈퍼마켓에 다녀오겠다고 고집을 부리다가 잠들었다. 간밤엔 덥다고 투덜대던 아들이 서늘한 아침 공기에 이불을 돌돌 말고 웅크린다. 자는 모습까지 나를 빼닮았구나 하는 생각이 들어 한참을 물끄러미 쳐다봤다.

2018 0809
The Lutheran cathedral
Helsingfors

헬싱키는 잠시 들른 곳이니만큼 가볍게 돌아보기로 했다. 북유럽 특유의 스타일리시한 건물들 사이로 가고 싶은 곳을 찾는 것이 쉽지는 않았다. 하지만 지도 한 장 딸랑 들고 돌아다니다가 새로운 곳을 맞닥뜨리는 '가벼움'이 오히려 여유를 가져다주었다. 핀란드어가 낯설어 관광지 이름마저 읽기 어려운 형편인데 다행히 핀란드 사람

헬싱키대성당

들 대부분이 친절하고 영어를 잘해서 물어물어 길을 찾곤 했다.

처음 도착한 곳은 핀란드 국립박물관. 박물관을 상징하는 종탑 앞에
서 사진 찍기 바쁜 관광객들을 뒤로 하고, 우리는 박물관 뒤편에 있는
정원을 산책했다. 분위기 있는 카페도, 화려한 미술관도 아니지만 혼자
만 알고 싶은 비밀스런 공간을 찾은 기분이랄까. 수백 년 동안 바람과
햇빛을 받으며 그 자리에 우뚝 서있었을 키 큰 나무 사이로, 내리쬐는
햇살과 쪽빛 서늘한 아침 공기가 어우러져 공연장 조명처럼 머리 위로
내려앉았다. 우리는 잔디 위에 앉아 음료수와 젤리를 나눠먹으며 느긋
하게 휴식을 취했다. 이따금 손을 잡고 가는 노부부나 애완견을 데리고

산책하는 사람들이 지나갔는데 마치 그들이 우리 집 정원을 방문한 것 같은 생각이 들었다.

헬싱키 하면 가장 먼저 '세계 디자인의 수도'라는 이미지가 떠오르지만, 사실 '발트 해의 아가씨'라는 별명처럼 수수하고 풋풋한 매력이 있는 도시이기도 하다. 번화가 나린카 광장에 있는 명소, 캄피 예배당만 해도 헬싱키의 이런 면모가 잘 드러난다. 헬싱키의 랜드마크로 손꼽는 이 예배당은 건축가 미코 수민넨이 디자인한 것으로 언뜻 배를 연상시키는 심플한 외관이 독특하다. 교회 전체를 나무로 만들어서 차분하면서도 은은한 분위기를 풍기는데, 복잡한 도심을 오가다 혼자만의 시간을 갖고 조용히 기도하고 싶을 때 찾으면 좋을 공간이다. 그래서인지 이 교회를 '침묵의 예배당'이라고 부르기도 한다고.

핀란드 국립박물관 입구

항구도시 헬싱키에서 바라다 보이는 바다는 드넓었다. 항구 한편에 자리 잡은 피쉬 마켓에서는 맛있는 생선튀김 냄새가 흘러나오고 있었다. 규모는 아담해도 생선 값이 저렴하고 채소나 과일도 함께 파는 곳이라 늘 사람이 붐빈다고 한다. 우리는 파라솔 아래서 베리와 빵을 먹었다. 마켓 근처에서 거리 화가들이 그림을 펼쳐 놓고 손님과 눈을 맞추고 있었는데, 나도 한 점 골라보고 싶었지만 남은 유로를 모아보니 모두 32유로 밖에 안 됐다. 마침 45유로짜리 가격표가 붙어 있는 그림이 눈에 들어왔다. 한참을 서성이다 흥정을 해보려 하자 화가가 "걱정 말라"고 웃으며 내 손바닥에 있는 유로를 받아들었다. 모스크바에서는 현명이의 반대로 사지 못했던 거리 화가의 작품을 드디어 구입한 것이다! 집에 돌아가면 벽에 걸어둬야겠다고 생각했다. 그림을 보면서 뜨거웠던 이 여름과, 헬싱키의 바람과 공기 그리고 바다를 기억하고 싶으니. 물론 인상 좋은 화가 여사의 너그러운 미소도 기억하련다.

헬싱키의 랜드마크 캠피 예배당. '침묵의 예배당'이라고도 부른다.

우리 여행은
감동이었어

한국으로 돌아가는 비행기에 올랐다. 현명이가 아프다고 해서 이마를 짚어 보니 뜨겁다. 헬싱키에서 오른쪽 배가 아프다고 했을 때 투정을 부리는 줄 알았는데, 되돌아보니 여행 일정이 너무 고되어 무리가 됐던 것 같다. 아이를 너무 어른처럼 대하며 힘든 걸 몰라줬다는 자책이 뒤늦게 밀려왔다. 여행을 모두 마치고 집에 가는 길에 아파하는 모습을 보니 나도 가슴이 아팠다.

몸이 으슬으슬 춥다고 해서 담요로 다리를 덮어줬다. 밥을 안 먹어서 오렌지 주스를 챙겨줬다. 인천공항에 도착해서도 집까지 가려면 아직 갈 길인 먼데. 승무원에게 부탁해 아스피린을 먹게 했다. 사춘기 자녀를 둔 부모로서 '아직 더 품어주고 돌봐줘야 할 자식'이라는 마음과 인내심을 갖고 아들의 성장을 지켜보고 따뜻하게 격려해줘야겠다고 다짐해본다. 아이들은 러시아보다 광활한 이 세상에 나가기 전 부모 품에서 더 많은 사랑을 받아야 한다. 그러니까 부모가 먼저 손을 내밀어야 한다. 그것이 이번 여행에서 얻은 가장 큰 깨달음이었다.

시베리아 횡단기차 안에서 현명이가 "아빠, 나 지금 진짜 쉬는 것 같아"라고 말한 적이 있다. "집에서도 쉬는 거 아냐?" 하고 묻자 학원 갔다 오면 "그럴 시간이 없다"고 한다. 중학생도 청춘이라면 청춘인데, 가슴 뛰는 이 좋은 시기를 '공부'라는 창살 없는 감옥에 갇혀 휴식도, 자유도 없이 지내왔던 것이다.

같이 여행하며 아들은 내가 묻지 않아도 다가와서 먼저 자신의 꿈과 미래에 대해 이야기하기도 했다. 아이는 엄마 아빠가 이끄는 대로만 자라는 것이 아니라, 어느덧 혼자 힘으로 판단하고 자기만의 생각과 주장을 다듬으며 쑥쑥 자라고 있었던 것이다. 집에서는 아들의 그런 면을 미처 모르고 있었는데, 서로를 돌아볼 여유가 주어진 다음에야 비로소 눈에 들어온 모습이었다.

　지금 행복한 사람이 미래에도 행복할 가능성이 높다고 한다. 하고 싶고, 보고 싶고, 생각하고 느끼고 싶은 수많은 바람과 욕구를 유보하고 앞만 보고 달려야 하는 아이들. 보상처럼 주어진 짧은 '쉼'을 끝내고 우리는 다시 현실로 돌아가고 있었다. 하지만 다시 힘들고 팍팍한 현실을 느낄 때, 아이가 아빠와 함께 한 이 여행과 소중한 추억을 떠올리며 다시 일어설 힘을 얻길 바란다. 때로는 자기가 속한 세상으로부터 훌쩍 멀어지는 것이 자기 자신을 되찾는 길이며, 여행이 바로 그 통로라는 지혜도 깨달을 수 있기를.

　여행이 내게 남긴 것은 무엇일지도 생각해보았다. 여행은 낯선 문화와 풍경에 감동하고, 다니다 보면 나도 모르게 걸음이 빨라지고, 심장이 요동치는 감격의 연속이다. 피곤해서 쓰러질 것 같은데 잠이 오지 않는 밤도 있었다. 그러나 아무리 고생스러워도 따뜻한 우리 집으로 다시 돌아갈 것을 알기 때문에 힘들지도, 두렵지도 않았다. 오히려 아들과 좀 더 가까워지고, 더 많이, 더 자주 소통했다는 기쁨이 가득했다. 짧은 시간이지만 물설고 낯선 곳에서 우리 부자는 완벽한 한 팀이 되곤 했다. 전장의 전우들처럼 눈빛만 봐도 서로를 아는 사이라고나 할까. 물론 서로 의견이 다를 때도 있고, 뜻이 안 맞을 때도 있고, 아이가 고집을 부리거나 토라지고, 내가 아빠의 권위를 내세워 아이의 고집을 꺾고 내 뜻을 따르도록 만든 때도 있었다. 하지만 우리는 갈등과 시행착오, 용서와 화해를 통해 다시 회복되고 돈독해지는 가족이다. 신뢰는 단번에 만들어지는 것이 아니라 여러 상황과 시간의 단련을 통해 탄탄해지는 것 같다. 멋진 경험을 하는 것도 사소한 작은 일들이 모여 이루어진다는 것도 여행을 통해 배웠다. 이 모든 기억과 깨달음이 훗날 우리 둘 사이에 변치 않는 화석이 되어 힘들고 깨지고 다쳤을 때 끈끈한 접착제가 되고 치료제가 될 거라는 믿음, 그것이 바로 내가 이번 여행에서 받은 선물이었다.

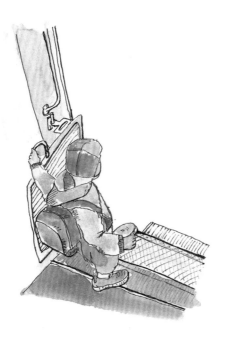